助力乡村振兴
出版计划

【新型农民职业技能提升系列】

新型农业经营主体
培育实务

主　　编　王艳荣　王华斌

副 主 编　吴　周　邹方姜

编写人员　徐支青　谢林燕　汪鑫羽　李　正

　　　　　胡楠楠　台欣悦　陈楠楠　刘　月

　　　　　潘　强　邱禹迪　张　雷　王　倩

　　　　　刘　旭

时代出版传媒股份有限公司
安徽科学技术出版社

图书在版编目（CIP）数据

新型农业经营主体培育实务 / 王艳荣，王华斌主编.
--合肥：安徽科学技术出版社，2022.12(2023.9重印)
助力乡村振兴出版计划.新型农民职业技能提升系列
ISBN 978-7-5337-7460-8

Ⅰ.①新… Ⅱ.①王…②王… Ⅲ.①农业经营-经营管理-中国 Ⅳ.①F324

中国版本图书馆 CIP 数据核字(2022)第 200729 号

新型农业经营主体培育实务　　　　　　　　主编　王艳荣　王华斌

出 版 人：王筱文　选题策划：丁凌云　蒋贤骏　余登兵　责任编辑：李　春
责任校对：戚革惠　责任印制：梁东兵　　　　　　　　装帧设计：冯　劲
出版发行：安徽科学技术出版社　　　http://www.ahstp.net
　　　　（合肥市政务文化新区翡翠路 1118 号出版传媒广场，邮编：230071)
　　　　电话：(0551)63533330
印　　制：合肥华云印务有限责任公司　　电话：(0551)63418899
（如发现印装质量问题，影响阅读，请与印刷厂商联系调换）

开本：720×1010　1/16　　　印张：8.75　　　字数：112 千
版次：2022 年 12 月第 1 版　　印次：2023 年 9 月第 2 次印刷

ISBN 978-7-5337-7460-8　　　　　　　　　　　定价：32.00 元

"助力乡村振兴出版计划"编委会

主　任

查结联

副主任

陈爱军　罗　平　卢仕仁　许光友
徐义流　夏　涛　马占文　吴文胜
董　磊

委　员

胡忠明　李泽福　马传喜　李　红
操海群　莫国富　郭志学　李升和
郑　可　张克文　朱寒冬　王圣东
刘　凯

【新型农民职业技能提升系列】

（本系列主要由安徽农业大学组织编写）

总主编：李　红

副总主编：胡启涛　王华斌

出版说明

　　"助力乡村振兴出版计划"(以下简称"计划")以习近平新时代中国特色社会主义思想为指导，是在全国脱贫攻坚目标任务完成并向全面推进乡村振兴转进的重要历史时刻，由中共安徽省委宣传部主持实施的一项重点出版项目。

　　计划以服务乡村振兴事业为出版定位，围绕乡村产业振兴、人才振兴、文化振兴、生态振兴和组织振兴展开，由《现代种植业实用技术》《现代养殖业实用技术》《新型农民职业技能提升》《现代农业科技与管理》《现代乡村社会治理》五个子系列组成，主要内容涵盖特色养殖业和疾病防控技术、特色种植业及病虫害绿色防控技术、集体经济发展、休闲农业和乡村旅游融合发展、新型农业经营主体培育、农村环境生态化治理、农村基层党建等。选题组织力求满足乡村振兴实务需求，编写内容努力做到通俗易懂。

　　计划的呈现形式是以图书为主的融媒体出版物。图书的主要读者对象是新型农民、县乡村基层干部、"三农"工作者。为扩大传播面、提高传播效率，与图书出版同步，配套制作了部分精品音视频，在每册图书封底放置二维码，供扫码使用，以适应广大农民朋友的移动阅读需求。

　　计划的编写和出版，代表了当前农业科研成果转化和普及的新进展，凝聚了乡村社会治理研究者和实务工作者的集体智慧，在此谨向有关单位和个人致以衷心的感谢！

　　虽然我们始终秉持高水平策划、高质量编写的精品出版理念，但因水平所限仍会有诸多不足和错漏之处，敬请广大读者提出宝贵意见和建议，以便修订再版时改正。

本册编写说明

世界农业发展的普遍规律表明，培育农业规模经营主体、完善农业社会化服务是保证农产品有效供给、带动农民持续增收的有效途径。对我们来说，就是要培育新型农业经营主体，构建新型农业经营体系。近年来，各类新型农业经营主体不断创新模式，在农民增收、农业增效等方面起到了良好的示范带头作用，成为乡村振兴的重要推动力量。

本书中的新型农业经营主体包括专业大户、家庭农场、农民专业合作社、农业专业化龙头企业和经营性农业社会化服务组织。本书聚焦重点人群，从新型农业经营主体的定位规划、经营管理入手，精准聚焦提升新型农业经营主体带头人能力素质，引导返乡下乡人员、创新创业者补齐农业产业知识短板，促进小农户与新型农业经营主体带头人形成"跟得上、带得动"的良性互动，推动小农户与现代农业有机衔接，不断发展壮大经营主体队伍，让更多农业从业者成长成才。

本书是集体努力的成果。安徽农业大学王艳荣、王华斌主要负责本书框架总体设计、统稿审核及编写等工作，吴周、邹方姜、徐支青、谢林燕、汪鑫羽、李正、胡楠楠、台欣悦、陈楠楠、刘月、潘强、邱禹迪、张雷、王倩、刘旭等参与了本书相关章节编写与校对等工作。本书汲取和引用了国内许多专家学者的研究成果，在此对有关专家学者表示感谢。同时，由于新型农业经营主体快速发展，许多问题需要进一步探讨，本书中难免存在一些不足之处，敬请读者批评指正，以求不断改进与完善。

目　录

第一章 ▶ 新型农业经营主体概论

▶ 第一节 新型农业经营体系

一 内涵

所谓新型农业经营体系，就是在坚持农村基本经营制度的基础上，顺应农业农村发展形势的变化，通过自发形成或政府引导，形成的各类农产品生产、加工、销售和生产性服务主体及其关系的总和，是各种利益关系下的传统农户与新型农业经营主体的总称。

新型是相对于传统小规模分散经营而言的，是对传统农业经营方式方法的创新和发展。构建新型农业经营体系的目的，是要通过大力发展社会化的生产经营服务体系，为家庭承包经营走向现代化架起新的桥梁，丰富和完善农村基本经营制度，而不是要取代农户家庭的经营主体地位。发展现代农业必须树立面向市场的经营理念，深入分析市场需求的发展现状与趋势，以提高经济效益为中心，依据不同地区的资源优势，围绕当地农业的支柱产业和主导产品，加强产品、技术、组织、管理、制度等方面的创新，加快农业和农村经济发展，促进农民增收。

二 主要特征

新型农业经营体系的主要特征就是集约化、专业化、组织化和社会化。

1.集约化

集约化是指在一定面积的土地上，集中投入较多的生产资料，运用先进的技术和管理办法，以求在较小面积的土地上获得高额产量和收入的一种集经济效益、生态效益、社会效益于一体的农业经营方式。集约经营的目的，是从单位面积的土地上获得更多的农产品，不断提高土地生产率和资源利用率。集约化主要解决的是农业经营中"物"的投入不足问题，特别是先进适用技术、管理方法和现代物质装备不足的问题。由粗放经营向集约经营转化，是农业生产发展的客观规律。

2.专业化

专业化相对兼业化而言，是指农业生产按照农产品的不同种类、生产过程的不同环节，在地区之间或各类农业经营主体之间进行分工协作，向专门化、集中化的方向发展的过程。专业化是社会分工深化和经济联系加强的必然结果，也是农业生产发展的必由之路。专业化要解决的是农业经营中"人"的支撑问题。专业化的关键在于以一定的经营规模为基础，获得足够的收入，达到不低于兼业户或外出务工人员的收入水平。专业化的发展方向是专业大户、家庭农场，这些是未来职业农民的中坚力量。

3.组织化

组织化相对分散经营而言，是通过一定的组织形式与制度来协调经济社会分工，使之构成一个相互联系、相互依赖的有机整体的发展过程。组织化既包括横向上各类农业经营主体的联合与合作，如农民专业合作社和专业协会;也包括纵向上产业链条的延伸,如"公司+农户"等模式。组织化主要解决的是与市场对接不足的问题,通过把分散的小农户组织起来,建立有规模、有组织、科学管理的合作形态,以应对日渐激烈的国内外市场竞争。

4.社会化

社会化相对个体而言,是指农业由孤立的、封闭的生产方式,转变为分工、协作、开放的生产方式的过程。社会化主要包括两个层面的含义,一是农业生产过程的社会化,二是农产品的社会化,即商品化。农业社会化不足,是当前农业生产经营中面临的突出问题。要克服农户分散经营的弊端,就要大力发展农业社会化服务主体,既要健全各类公共服务组织,也要加快培育各种经营性服务组织。

集约化、专业化、组织化和社会化紧密联系、相互促进、互为条件,是有机联系的一个整体。集约化、专业化属于"分"的层次,着眼于提高农业生产效率;组织化、社会化属于"统"的层次,着眼于提高农产品市场竞争能力。"四化"共同服务于保障重要农产品有效供给和农民持续增收的目标。

▶ 第二节　新型农业经营主体

一　类型

2012年底的中央农村经济工作会议正式提出培育新型农业经营主体。新型农业经营主体是指具有相对较大的经营规模、较好的物质装备条件和经营管理水平,劳动生产率、资源利用率和土地产出率较高,以商

品化生产为主要目标的农业经营组织。

新型农业经营主体主要包括专业大户、家庭农场、农民合作社、农业产业化龙头企业、农业社会化服务组织等，各类主体间有融合和交叉。

专业大户指种植或养殖规模明显大于当地传统农户的专业化农户，也称为种养大户。

家庭农场是指以家庭成员为主要劳动力，从事农业规模化、集约化、商品化生产经营，并以农业收入为家庭主要收入来源的农业经营主体。

农民合作社是指在农村家庭承包经营的基础上，同类农产品的生产经营者或者同类农业生产经营服务的提供者、利用者，自愿联合、民主管理的互助性经济组织。

农业产业化龙头企业是通过订单合同、合作等方式带动农户进入市场，实行产加销、贸工农一体化的农产品加工或流通企业。

农业社会化服务组织是指在产前、产中和产后各环节为农业生产提供专业化、市场化服务的经济组织，包括专业服务公司、专业服务队、农民经纪人等。

二 各类经营主体的功能和定位

各类新型经营主体形式多样，但从组织属性来说，主要有三类，一是家庭经营类，二是互助合作类，三是企业经营类。家庭农场、专业大户，是家庭经营类的；社区合作、股份合作、专业合作、联合社都是互助合作类的；大中型龙头企业是企业经营类的；社会化服务组织，既可以是互助合作类的，也可以是企业经营类的。不同组织属性的经营主体，产权属性、运行机制和分配关系都不一样，内在的运行机制和比较优势也不同。各类主体在农业生产的全过程和产业的全链条上彼此有不同的分工优势。但各类主体之间没有优劣之分，没有上下之分，是相互协调的关系，不是彼此替代的关系。

近年来，新型农业经营主体之间的联合与合作日益增多，"合作社+农户""龙头企业+合作社+农户""合作社+基地+农户""龙头企业+合作社+基地+农户"等多种经营形式层出不穷，丰富和完善了以家庭承包为基础的农业基本经营制度。随着农业农村经济社会的发展，为进一步降低农业生产成本，提高农业抗风险能力，提升农产品市场竞争力，新型农业经营主体之间的合作必将进一步加强，由生产经营合作拓展到要素合作，由松散型合作走向紧密型合作，必将形成以承包农户、专业大户和家庭农场为基础，以农民合作社、龙头企业和各类经营性服务组织为支撑，多种生产经营组织优势互补、相互协作、相互融合的新型农业经营体系。

三 制约新型农业经营主体发展的因素

当前，各地发展新型农业经营主体积极性很高，总体态势较好，但仍处于发展的初期阶段，还存在着一些不容忽视的问题。概括起来，主要有以下几方面因素：

1.融资贷款难

新型农业经营主体融资难突出表现为贷款的抵押担保物限制严格，且申请手续繁杂、审批时间长、隐性费用高，使很多借款者望而却步。金融机构对新型农业经营主体贷款设置的门槛较高，突出表现为对贷款的抵押担保物进行了严格的限制，大型农机具、畜禽活体、土地、房屋等没有纳入到抵押范围。专业大户从银行贷款一般需要商品房抵押或"吃财政饭的"担保，而在村或乡镇里，能找到"吃财政饭的"毕竟是少数，能在城里买得起商品房的也只是少数。农民合作社作为独立的经济实体，还没有得到金融机构的普遍认可，大部分农民资金互助社由于规模小，融

资服务功能的发挥尚处于起步阶段。很多农业企业除没有符合要求的抵押物外,还因"一支笔、一个本、流水账",难以符合金融机构的信贷要求。

2.农业保险难

新型农业经营主体在农业保险方面的政策需求主要集中于自然风险较大的粮食作物、投资周期较长的特种经济作物和疫病风险较大的畜、禽、水产品等农产品。但是,由于农产品保险的回报率太低,甚至存在巨大的亏损风险,所以企业化运作的保险公司通常都缺乏为农产品提供保险服务的内在动力,而我国的政策性保险品种单一、覆盖面窄。投入成本高、市场和自然风险大的设施蔬菜、家禽、渔业、茶叶、种业等没有纳入政策性保险范围,大大增加了农业经营者的风险。另外,在已经开展的政策性保险范围中,核灾定损不及时、理赔环节程序多、实际赔付标准低的问题很突出。经办机构承保能力有限,试点品种和保险责任范围较窄,难以满足农户的保险需求,保险机构组织体系尚未健全,受灾认定和理赔效率偏低。

3.农业基础设施建设难

农业基础设施薄弱问题主要反映在水、电、路和晒场等方面。一是农田水利方面。农田水利建设工程类型多、数量大,资金需求量大,各级财政投资渠道单一,新型农业经营主体实力相对较弱,自身难以解决。国家的农业基础设施建设项目要求集中连片,有的甚至要求规模在万亩以上,一般的经营主体很难达到这样的要求。二是路和晒场方面。只有加强田间道路建设,才能够为机械化作业提供条件,而田间道路建设涉及用地与投资的问题,现实中很难加强,尤其是丘陵山区机耕道路建设问题更加突出。

4.土地流转机制不通畅

农民的惜地情结和社会保障制度的不够完善使得农民的土地流转

意愿不高,有些地方的农田条件较差,尤其是山地、丘陵地带增加了土地规模化经营的难度。农村的养老、医疗和社会救助等社会保障体系和城市存在不小的差距,很多农民的生计还是依赖于土地,大多数农民还是把土地作为生活的基本保障,不愿意流转土地经营权。此外,土地流转机制还不够健全。对农民而言,部分土地转出效益不大,不足以调动农民的积极性和主动性;对新型农业经营主体而言,土地流转价格逐年上涨,价格上涨带来一定的成本压力,大规模流转受阻。

5.农业社会化服务滞后

政府的公共服务体系、农民的合作服务体系和公司的经营性服务体系等三大体系的构建还存在着盲点。社会化服务缺乏,尤其是农业信息与技术服务缺乏,并且不同的主体对社会化服务的要求不同。对生产技术要求较高的水产养殖业和对疾病防疫要求较高的畜牧业更加需要农业科技推广和疾病防疫技术;对于种植业来说,加强植保服务、机械服务、烘干服务和仓储服务的要求较高。

▶ 第三节　新型农业经营主体带头人

一　概述

新型农业经营主体是发展现代农业的主力军和引领力量,新型农业经营主体带头人是新型职业农民的优秀代表。在新时代,国家对新型农民提出了更高的要求,赋予了新型农业经营主体带头人更加神圣的使命,也赋予了更深刻的内涵,即新型农业经营主体带头人要成为产业兴旺的带头人、生态宜居的示范者、乡风文明的传承者、治理有效的实践

者、农村致富的引路人。

二 新型农业经营主体带头人的作用

1.引领乡村振兴战略的实施

《乡村振兴战略规划(2018—2022年)》中强调要"实行更加积极、更加开放、更加有效的人才政策,推动乡村人才振兴,让各类人才在乡村大施所能、大展才华、大显身手"。乡村振兴的实施,需要发挥新型农业经营主体带头人的引领作用。新型农业经营主体带头人促进农村一、二、三产业融合发展,参与乡村基础设施和公共服务事业建设,促进传统产业转型升级,发展休闲农业和乡村旅游,保护了农村生态资源环境。新型农业经营主体带头人正在逐步成为适度规模经营的主体,将成为乡村振兴战略的实施主体,为乡村振兴的实施注入新鲜血液,引领乡村振兴战略的实施。

2.带领农民脱贫致富的领头雁

新型农业经营主体带头人通过经营模式创新,延伸产业链条,扩大主体规模,吸纳了广大贫困农民就业,通过不断创新完善新型农业经营主体带动机制,通过合作制、股份合作制、股份制等组织形式和"保底+分红"等分配方式带动小农户,对经营主体内农户进行技术指导,通过改良生产技术,引进优良品种,降低生产成本,提高农产品的产量和质量,进行品牌化营销,增加农产品的附加值,从而实现"资源变资产、资金变股金、农民变股东",让小农户更多地分享产权制度改革红利。

3.保障国家粮食安全的主力军

新型农业经营主体带头人是保障我国粮食安全,加快转变农业发展方式,走安全、高效、绿色发展之路的必然选择。随着新型工业化和城镇化进程加快,大量农村青壮年劳动力进城务工就业,务农劳动力数量大幅减少,"兼业化、老龄化、低文化"的现象十分普遍。很多地方务农劳动力平均年龄超过 50 岁,文化程度以小学及以下为主,"谁来种地""如何种好地"成为现实难题。迫切需要加快培育新型农业经营主体带头人,吸引一大批年轻人务农创业,形成一支高素质农业生产经营者队伍,确保农业后继有人。

4.建设农业现代化的生力军

新型农业经营主体带头人代表现代农业发展的方向,目前我国农业劳动率仍然偏低,仅相当于第二产业的八分之一,第三产业的四分之一,世界平均水平的二分之一。农业现代化要取得明显进展,必须加快构建现代农业产业体系、生产体系、经营体系。因此,乡村振兴的实施迫切需要具有较强市场意识,懂经营、会管理、有技术的新型农业经营主体带头人。必须以产业为基础,发展和培育新型农业经营主体带头人,提高农业生产的组织化程度,推进农业标准化、规模化生产和品牌化经营,推动现代农业发展走上产出高效、产品安全、资源节约、环境友好的道路。

三 新型农业经营主体带头人的素质

新型农业经营主体带头人是建设现代农业的骨干力量,他们献身于农村事业,热衷于农业生产经营活动,是一批具有文化知识和农业专业技能、具有良好沟通能力和协调能力、具有风险防控意识和处理紧急问题能力、具有良好管理才能的高素质农民。

1.具备文化知识和农业专业技能

作为新型农业经营主体的带头人,首先要有一定的农业知识储备,了解农业的相关知识,懂得一些农业专业技能,不论是在日常的生产经营活动中,还是在日常管理当中,新型农业经营主体带头人都要用发展的眼光看待问题。在日常的生产经营中,新型农业经营主体带头人具备

专业化的农业专业技能,可以有效地提高农业生产效率。新型农业经营主体带头人可以利用自身对农业相关技能和农业知识的储备,打破传统农业的生产经营局限;可以运用现代农业生产技术对农作物进行科学播种、培育和收获,以较少的投入换取较高的回报,有利于提高农业产值,增加农业劳动者的收入。新型农业经营主体带头人可以根据市场需求的变化,面向市场,以市场为导向,开拓营销渠道,生产适销对路的农产品,满足社会的需求。

2.具有良好的沟通能力和协调能力

在实际工作中,一个人的沟通能力是十分重要的,善于沟通的人往往能在工作中脱颖而出,赢得宽松的发展空间,作为新型农业经营主体的带头人,善于沟通也是其所必须具备的基本能力之一。新型农业经营主体带头人可以与农民进行合理有效的沟通,尊重农民的主体地位,不侵犯农民在土地流转中的相关权益。协调能力是指决策过程中的协调指挥才能,新型农业经营主体带头人应当懂得一套科学的组织设计原则,熟悉并善于运用各种组织形式,善于利用手中的权力协调各部门的工作。比如在处理劳资关系方面,新型农业经营主体带头人应协调好与雇佣农民间的劳资关系,保护好劳动者的合法利益。

3.具有风险防控意识和处理紧急问题的能力

农业生产受自然条件影响很大,比如洪涝、旱灾等,这些自然灾害是我们无法控制的,一旦发生,会给新型农业经营主体造成严重的损失,这就要求新型农业经营主体带头人具有一定的风险防控意识,及时地关注气象部门公布的气象信息,并对相关气象预报及预警信息进行收集、整理、分析,以便提前做出决策。提前做好防范措施,降低自然灾害给新型农业经营主体带来的经济损失,提高抗御风险的能力以及处理紧急问题的能力。在农业生产经营中还会遇到各种各样的风险问题,比如食品保质期短,运输期间发生损耗等,在面对这些问题时,需要新型农业经营主体带头人冷静分析,找出问题产生的根源,采取相应的措施来预防这些问题的发生。

4.具有良好的管理才能

新型农业经营主体带头人作为现代化农业的领军人物,应当具有良好的管理才能和领导才能。在日常的生产经营中,新型农业经营主体带头人还应注意可持续发展,树立大局观念,在生产经营的同时注意保护生态环境。生产经营活动离不开良好的计划,这就要求新型农业经营主体带头人要从长远利益出发,制订出每个阶段的生产计划,并在生产计划实施的过程中,与原先制订的生产计划及时进行对比,对生产过程实施控制,确保农业生产按照计划执行。由此可见,管理才能对于企业来说十分重要,关乎着企业的成败。因此,新型农业经营主体带头人应学习相关的管理知识,锻炼自己的管理能力,只有这样,农业产业化联合体才能获得长远的发展。

第二章 专业大户

第一节 概　述

一　专业大户的含义

专业大户包括种植大户和养殖大户，也称为种养大户，是指在种植、养殖生产规模上明显大于传统分散经营农户，具有较强的经营管理能力，承包的土地达到一定规模，具有一定专业化水平，以市场需求为导向的从事专业化生产的农户。专业大户以家庭劳动力和基本的农业生产工具为主，利用社会化服务进行运营。专业大户的经济利益与其经营状况直接关联，克服了经营规模太小的弱点，同时保留了家庭经营的优点，能够充分发挥农民的生产积极性。

二　专业大户的特征

专业大户相对于小农户的主要特征是自筹资金能力较强，采用较新的农业经营方式，有适度的经营规模，产品定位符合市场需求，能带领其他农民增收致富，生产的产品科技含量较高，以及销售市场较为稳定，等等。

相对于家庭农场而言，专业大户主要围绕单一的农产品进行专业化

生产,其生产规模相比传统小农户和一般农户来说呈现较大的规模。专业大户经常需要雇用家庭成员以外的劳动力从事农业生产,其不具有法人资格。专业大户和家庭农场之间还没有明确的概念界定,一般情况是条件成熟后,专业大户大都逐渐向家庭农场的组织形态转变。

三 种植大户的特点

1.自身素质相对较高

种植大户种田讲究科学,应用优良品种、配方施肥等先进实用技术,使自身获得可观的经济效益,带动周边农户采用先进生产方式和技术措施,对大面积生产起到一定的示范和促进作用。

2.经营规模较大

种植大户的土地相对集中连片,便于机械化操作和标准化生产,利用小额贷款或自有资金,购买种子、化肥,购置农机具,掌握生产主动权,紧抓农时季节,节省成本,增加收入。

3.粮食生产水平较高,带动作用明显

种粮大户单产水平是平均水平的近两倍,在提高土地资源利用率、良种良法采用、提高单产水平和增加农民收入等方面具有明显的示范作用,为稳定粮食生产做出了贡献。

4.对价格更敏感

种植大户生产规模较大,所需农资产品也相对较多,农药、种子、化肥等各种农资产品的开支是一笔不小的数目,在其经营成本中往往占有很高的比重,所以种植大户对于价格就更为敏感。种植大户在购买大宗农资产品时,很多情况下都货比三家,即使微小的价格差别,也会影响他们的购买选择。近年来涌现出来的很多种植大户,纷纷放弃在乡镇终端购买农资产品,而是到县市从厂家代理商处直接购买。

5.注重专业性的农化服务

种植大户往往都是从事该项产业多年,希望得到的是专业性的支持,如果农资经营者不在自身技术水平上和专业性的服务上努力提升,很难与他们有长期的合作。有的农资经销商联系当地农业部门或者农资厂家的技术人员与种植大户进行沟通,邀请种植大户参加专业的植保技术讲座,在推广产品上均取得了较好的效果。

(四) 养殖业的生产特点

1.对象是有生命的动物

养殖业的自然再生产和经济再生产交织在一起的基本特点,要求专业大户不但要按自然规律组织生产活动,同时还要求专业大户按照经济规律进行生产管理,以取得良好的经济效益和生态效益。

2.转化性

养殖业将植物能转化为动物能。饲料成本在生产成本中占有很大的比重,养殖业生产管理的主要任务之一是提高饲料(或饵料)转化率。

3.周期长

养殖业生产周期一般较长,在整个生产周期中要投入大量的劳动力和资本,只有在生产周期结束时才能获得收入,实现资本的回收。生产中要求选用优良品种,采用科学饲养管理,延长生产时间,缩短生产周期,提高畜禽的产品率。

4.双重性

繁殖用的母畜、种畜、奶畜是劳动手段和生产资料,而作为肉畜、肉禽则又是劳动产品和消费资料。养殖业生产既要满足社会对生活消费品的需要,又要满足专业大户自身再生产的需要,因而具有双重性特点。

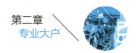

5.可移动性

畜禽可以进行密集饲养、异地育肥。运用这个特点,可以克服环境等因素的不利影响,创造适合于养殖业生产的良好的外部环境,以保证养殖业生产的顺利进行。

五 种养大户的类型

1.种植大户分类

种植大户按种植作物类别分为粮食(水稻)大户、果树大户、蔬菜大户、西瓜大户、白莲大户、食用菌大户、茶叶大户等。

2.养殖大户分类

根据生产对象的饲养特点和动物性产品的消费特性,可将养殖大户划分为四大类型:

第一类,以牲畜为生产对象,包括养牛、马、猪、羊、兔等,这类专业大户的产品主要是肉、皮、毛、乳等。

第二类,以禽类动物为生产对象,包括养鸡、鸭、鹅、火鸡、鹌鹑等,这类专业大户的主要产品是肉、蛋、毛等。

第三类,以水中动物为生产对象,包括养鱼、虾、贝、蟹等,这类专业大户的主要产品是水生动物的肉等。

第四类,以虫类动物为生产对象,包括养蜂、蚕、蚯蚓、蝎等,这类专业大户的主要产品是虫类的蜜、丝、皮、全身等。

六 专业大户的定位

专业大户的核心功能是在某一特定领域实行专业化、商品化生产,稳定和增加我国农产品供给。衍生功能有:积极参与土地流转,推动土地适度规模化和集约化经营;为传统农户提供技术、信息指导以及种子、机耕

等服务,推动农业科技普及应用。

由于专业大户分布较广、情况复杂,目前对此的统计和研究工作有相当的难度,专业大户的提法也只是一个民间的习惯称呼,目前尚没有严格的标准,有时也叫"种养大户"。各地区、各行业的专业大户标准差别较大。从目前的专业大户来看,更多的是"大"而不"强",即经营规模较大,但具有明显的粗放经营特征,集约化经营水平较差,甚至有的很难适应现代化农业发展的要求。

▶ 第二节 规划与政策

一 规划

专业大户要想可持续发展,不仅要懂技术,还要善经营、会管理,在土地流转、内部管理、农产品营销等方面也要遵循经营管理的相关规则。

1.土地有序流转才能有稳定发展

在土地流转过程中,要依法办理土地经营权流转手续,使流转的土地有一个稳定的经营预期,才能保证经营土地的稳定性和可持续利用。

2.懂技术还要善经营会管理

与传统农户相比,专业大户和家庭农场的一个显著特点是集约经营。所以,经营者应做到懂技术、善经营、会管理,这样才能把地种好,把畜禽养好,增加经济收入。

3.认证登记并做好生产记录

专业大户是在家庭承包经营的基础上发展起来的。如果是经过登记的企业法人,应有独立的企业台账,做好财务收支记录;如果只是经过认

定的自然法人,虽然没有严格的财务管理规定,但做好财务记录对于成本核算也是有好处的。做好生产记录,是了解生产过程、开展农产品质量追溯的基础。产品好不好,生产过程是否符合标准化生产的要求,往往要通过生产记录来证明。

4.合适的市场与对路的产品

无论是专业大户还是家庭农场,绝大多数以一业为主,而且生产的农产品比较稳定,受农产品市场和价格影响较大。因此,应当立足当地的自然资源和市场优势,生产适销对路的农产品。如果是特种种植或者养殖产业,一定要做好市场调查,防止生产出来的产品卖不出去。即使是当地习惯生产的农产品,也会出现市场风险。

5.生产过程需要分工合作

随着现代农业发展和家庭经营规模扩大,许多专业大户和家庭农场不仅需要雇用长期工,还需要雇用短期工。特别是大田粮食作物有季节性,农忙时人手不够的现象很普遍。近年来,农忙季节临时雇工非常困难,且价格不断上涨。因此,充分利用农民合作社和各类农业社会化服务组织,把一家一户办不了或者办起来不划算的事,通过社会化分工,由各类服务组织去做,是一个既省力又省钱的办法。

二 政策

1.农业保险支持政策

目前,中央财政提供农业保险保费补贴的品种主要包括种植业、养殖业、森林等三大类,覆盖玉米、水稻、小麦、棉花、马铃薯、油料作物、糖料作物、能繁母猪、奶牛、育肥猪、森林、青稞、牦牛、藏系羊、天然橡胶、三大粮食作物制种等。地方财政支持开展的特色农产品保险品种超过200个。

2.种养结合循环农业试点政策

2021 年开始,在畜牧大省、粮食和蔬菜主产区、生态保护重点区域,选择基础条件好、地方政府积极性高的县(市、区),整县开展粪肥就地消纳、就近还田补奖试点,扶持一批企业、专业化服务组织等市场主体提供粪肥收集、处理、施用服务,以县为单位构建 1~2 种粪肥还田组织运行模式,带动县域内粪污基本还田,推动化肥减量化,促进耕地质量提升和农业绿色发展。

3.农产品初加工税收减免政策

农产品初加工依法享受国家税收减免政策,种植业类的粮食、林木产品、园艺植物(含水果、蔬菜、花卉初加工)、油料植物、糖料植物、茶叶、药用植物、纤维植物、热带和南亚热带作物初加工,畜牧业类的畜禽类、饲料类、牧草类初加工,渔业类的水生动物、水生植物初加工,均享受企业所得税优惠政策。以购进农产品为原料生产液体乳及乳制品、酒及酒精、植物油的增值税一般纳税人,其购进农产品无论是否用于生产上述产品,增值税进项税额均按照《农产品增值税进项税额核定扣除试点实施办法》规定抵扣。农产品加工企业购进农产品,可凭增值税发票、海关进出口增值税专用缴款书、农产品收购发票或销售发票抵扣进项税额。

4.强农惠农政策

(1)实际种粮农民一次性补贴。为适当弥补农资价格上涨增加的种粮成本支出,保障种粮农民合理收益,2022 年中央财政继续对实际种粮农民发放一次性农资补贴,释放支持粮食生产积极信号,稳定农民收入,调动农民种粮积极性。补贴对象为实际承担农资价格上涨成本的实际种粮者,包括利用自有承包地种粮的农民,流转土地种粮的大户、家庭农场、农民合作社、农业企业等新型农业经营主体,以及开展粮食耕种收全程社会化服务的个人和组织,确保补贴资金落实到实际种粮的生产者手

中,提升补贴政策的精准性。补贴标准由各地区结合有关情况综合确定,原则上县域内补贴标准应统一。

(2)农机购置与应用补贴。开展农机购置与应用补贴试点,开展常态化作业信息化监测,优化补贴兑付方式,把作业量作为农机购置与应用补贴分步兑付的前置条件, 为全面实施农机购置与应用补贴政策夯实基础。

(3)重点作物绿色高质高效行动。围绕粮食和大豆油料作物,集成推广新技术、新品种、新机具,打造一批优质强筋弱筋专用小麦、优质食味稻和专用加工早稻、高产优质玉米的粮食示范基地。

(4)玉米大豆生产者补贴、稻谷补贴和产粮大县奖励。国家继续实施玉米和大豆生产者补贴、稻谷补贴和产粮大县奖励等政策。

(5)畜牧良种推广。在主要草原牧区省份对项目区内符合条件的养殖场(户)给予适当补助,支持牧区畜牧良种推广。在生猪大县对符合条件的生猪养殖场(户)给予适当补助,加快生猪品种改良。支持开展蜜蜂遗传资源保护利用,完善蜜蜂良种繁育体系,改善养殖设施装备水平,开展农作物高效蜂授粉试点。

(6)奶业振兴行动。择优支持奶业大县发展奶牛标准化规模养殖,推广应用先进智能设施装备,推进奶牛养殖和饲草料种植配套衔接,选择有条件的奶农、农民合作社依靠自有奶源开展养加一体化试点,示范带动奶业高质量发展。实施苜蓿发展行动,支持苜蓿种植、收获、运输、加工、储存等基础设施建设和装备提升,增强苜蓿等优质饲草料供给能力。

(7)粮改饲。以农牧交错带和黄淮海地区为重点,支持规模化草食家畜养殖场(户)、企业或农民合作社以及专业化饲草收储服务组织等主体,收储使用青贮玉米、苜蓿、饲用燕麦、黑麦草、饲用黑麦、饲用高粱等优质饲草,通过以养带种的方式加快推动种植结构调整和现代饲草产业

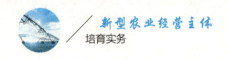
发展。各地可根据当地养殖传统和资源情况,因地制宜将有饲用需求的区域特色饲草品种纳入范围。

(8)肉牛肉羊增量提质行动。进一步扩大项目实施范围,在吉林、山东、河南、云南等19个省(区)选择产业基础相对较好的牛(羊)养殖大县,支持开展基础母牛扩群提质和种草养牛养羊全产业链发展。

▶ 第三节 经营管理

一 种植业生产计划

种植业是指除林果业以外的以人工栽培为主的植物生产,包括粮食作物、经济作物、饲料作物、绿肥作物、蔬菜、花卉等农作物的种植生产。种植业是专业大户的基本生产类型之一。它不仅是农业的主要生产部门,而且为其他部门提供基本原料和生产资料。因此,种植业生产的组织管理是专业大户的基本管理活动。

生产计划是生产活动的行动纲领,是组织管理的依据。种植业生产计划就是将年内种植的各种作物所需要的各种生产要素进行综合平衡,统筹安排,以保证专业大户计划目标的落实。

1.种植业生产计划的内容

种植业生产计划,是种植业生产的空间布局和时间组合的安排,是种植业生产管理的重要一环。

(1)种植业生产计划分类。

①按时间长短分,分为长期计划、年度计划、阶段作业计划。

②按内容分,分为耕地利用计划、作物种植计划、作物产量计划、农业

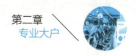

技术措施计划等。

③按作用分,分为基本生产计划、辅助生产计划、技术措施计划等。

(2)种植业生产计划的内容。种植业生产计划主要有耕地发展和利用计划、农作物生产计划、农业技术措施计划等。

①耕地发展和利用计划。耕地发展和利用计划主要反映计划年度耕地的增减变动及其利用状况。

②农作物生产计划。包括计划年度的各种作物和播种面积、亩产量、总产量计划数。

③农业技术措施计划。农业技术措施计划主要包括土壤改良及整地计划、农田基本建设计划、种子计划、播种施肥计划、化学灭草及植保计划、田间作业计划、灌溉计划等。

2.种植业生产计划的制订方法

常用的种植业生产计划的制订方法有综合平衡法、定额法、系数法、动态指数法、线性规划法等。

二 种植业生产过程组织

农作物生产过程,是由许多相互联系的劳动过程和自然过程结合而成的。劳动过程是人们的劳作过程,自然过程是指借助于自然力的作用过程。种植业生产过程,从时序上包括耕、播、田管、收获等过程,从空间上包括田间布局、结构搭配、轮作制度、灌溉及施肥组织等过程。各种作物的生物学特性不同,其生产过程的作业时间、作业内容和作业技术方法均有差别。因此,需要根据各种作物的作业过程特点,采取相应的措施和方法,合理组织生产过程。

1.种植业生产过程组织的要求

(1)时效性原则。农作物生产具有强烈的季节性,什么时候进行什么

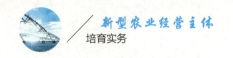

作业,都有严格的时间要求。该种不种或该收不收,就会延误农时,降低产量。因此,一定要按照生产计划组织生产,按时完成各项作业任务,提高劳动的时效性。

(2)比例性原则。不同的农作物,其生产周期不尽一致,有的属于夏收作物,有的是秋收作物。同一种农作物的不同品种,也有早熟和晚熟区别。不同的作物按比例进行配合,既有利于生产要素的合理使用,又有利于缓和资源使用的季节性矛盾。

(3)标准化原则。标准化原则主要是指每项农作物都要制定规范的作业标准,严格按作业标准进行田间操作。只有这样,才能提高工效,保证作业质量,增加产量。

(4)安全性原则。安全性原则主要指农业生产要注意保护劳动者、劳动资料的安全以及资源的可持续利用。随着农业现代化、工厂化的发展,由于使用化学农药、农业机器等,容易发生农药中毒、机电伤亡事故,影响人和畜禽的安全;化肥、农药使用不当,会破坏土壤团粒结构,严重的会造成绝收。

(5)制度化原则。制度化原则是指生产过程的组织需要有相应的制度保证。具体来说,生产作业内容方面有作物轮作制、施肥制、灌溉制、病虫害防治制度等,作业时间方面有作业日历制等,生产职责方面有岗位责任制、作业责任制、承包责任制等。

2.种植业生产的时间组合

种植业生产的时间组合,也可称轮作种植。它是指在同一空间地段上,不同时间作物的轮流种植,以充分利用土地的生产时间,增加光能利用率,提高土地的生产效能。

作物轮种,是一种技术经济措施。作物轮种的种类、品种和时间,首先要符合作物的生物学特性,具有技术的可行性。其次,轮种可以获得更高

的投入产出率,符合经济的合理性。

种植业生产的时间组合要求:一是因地制宜,作物复种、轮作、套作,要能提高土地利用率,增加单位耕地面积的生产量。二是合理搭配,即作物轮作搭配能适应种植计划要求,能更好地满足市场需求和自给需求。三是时间协调,作物轮作能形成最好的相辅相成关系,达到时间协调、肥力互补,能提高劳动生产率和产值成本率。四是有利于多种经营,作物轮作更有利于开展多种经营,提高专业大户的总体经济效益。

种植业生产的时间组合,除上述定性分析外,还可以进行定量分析,将单项作物轮作产量与效益进行比较,以说明时间组合的有效性。

3.种植业生产的空间布局

种植业生产的空间布局,也称地域种植安排。它是各种作物在一定面积耕地上的空间分布。由于自然、经济的原因,一个专业大户或一个生产单位的耕地质量总是会有各种各样的差别。不同地块的土壤性状,适应不同作物的生物学特性,具有不同的生产效益;同类土质不同地段位置的地块,由于区位差异而引起的交通、管理的区别,也会造成不同的种植效应。因此,要搞好农作物布局:一是保证完成国家的合同订购任务,以满足市场的需求;二是保证专业大户内部生产需要(种子、饲料、加工原料)以及生活需要(劳动者口粮);三是符合当地的自然环境(土地类型、气候);四是作物之间茬口衔接合理,用地与养地相结合;五是尽可能集中连片,便于实行机械化和田间管理。

同时,还可借助于定量分析方法,安排种植业生产的空间布局,常用的方法有亩产量(亩效益)比法和线性规划法。

三 养殖业的生产组织与管理

养殖业生产是指所有牲畜、家禽饲养业和渔业生产,主要提供肉、蛋、

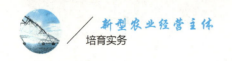
奶及水产品,为轻工业提供毛、皮等原料,为外贸企业提供出口物。养殖业的发展对改善人们的食物构成,提高人们的生活质量具有重要的意义。

1.饲料组织与利用

饲料的种类、数量、质量对养殖业发展有直接的制约作用。

(1)广开饲料来源。一是充分利用饲料基地的资源供给;二是合理利用天然饲料资源,以利于就地取材,提供部分饲料,降低饲料成本。

(2)做好饲料供需平衡。饲料的数量和质量,决定养殖业的种类和规模,因此,要做好饲料供需平衡工作。既要科学地预测各种饲料的需求量,又要积极地组织饲料来源,在挖掘饲料潜力的基础上,做好饲料供需平衡工作。具体方法,可通过编制平衡表来实现饲料供需的计划性。

(3)合理利用饲料资源。饲料是养殖生产的主要原料,饲料组合方式和饲料投入量,对畜禽、鱼虾的生长发育及其产品形成有着密切的关系。在畜禽、鱼虾生长发育过程中,不同种类、品种以及同一品种的不同发育阶段,需要不同的营养成分。因此,养殖业生产要改"收什么,喂什么"的传统饲养方式为"喂什么,收什么",科学地利用青粗饲料、配合精饲料喂养,以利于提高料肉比。

2.饲料管理与规范

(1)规范饲料管理制度。饲料管理制度包括:饲养管理标准化制度,如喂养制度、饲料供应制度、良种繁育和推广制度、防疫卫生制度等;饲养管理责任制度,即责权利制度,包括岗位责任制、定额计件责任制、喂养承包责任制、综合承包责任制等。

(2)重视引进和改良品种。扩大优良品种的繁育,提高优良品种率,是提高畜禽产品和水产品产量和质量的关键。在引进优良品种的同时,应加强技术管理,防止品种退化,稳定产品质量。

（3）实行标准化生产运作。即按科学化管理要求，对畜禽逐步实行按性别、用途、年龄分组分类的管理，合理确定不同组别的技术经济标准、饲料配方、饲养方法和饲养管理标准，以提高饲养生产管理水平。

（4）适度扩大饲养规模。根据生产发展水平和市场需求状况，适度扩大饲养规模，提高饲养机械化水平，逐步实施专业化养殖，以实现规模经济效益。

四 专业化养殖场生产管理

1.专业化养猪场生产管理

从养猪场类型来看，可分为如下几类：第一类，包括繁殖、育肥在内的自繁、自育的猪场；第二类，只进行繁殖、销售仔猪的猪场；第三类，购买仔猪进行育肥的猪场。下面以自繁、自育的猪场为例，阐述工厂化养猪的生产管理。

（1）仔猪选留。

①猪的生物学特性和经济类型。从生物学角度看，猪性成熟早、繁殖率高、生长速度快、饲养成本低、屠宰率高。一般情况下，猪的屠宰率是60%~75%，而牛为50%~60%，羊为40%~50%。猪的经济类型按其生产性能、肉脂品质等特点，可分为脂肪型、瘦肉型、兼用型。脂肪型的猪，其特点是脂肪多，一般占胴体的55%~60%，瘦肉占30%左右。瘦肉型猪也叫腌肉型猪，瘦肉占胴体的55%~60%，脂肪占30%左右。肉脂兼用型，胴体中肥瘦肉所占比例大体相等。

②猪的选种和育肥仔猪的选择。

猪的选种。一是根据猪群的总体水平进行选种，如猪的体质外形、生长发育、产仔数、初生重、疫病情况等。二是根据猪的个体品质进行选种，主要从经济类型、生产性能、生长发育和体质外形等方面选种。

育肥仔猪的选择。一是从品种方面,选择改良猪种和杂交猪种,因为它们比一般猪种生长发育快;二是从个体方面,选择体大健康、行动活泼、尾摆有力的个体。

(2)饲料利用。

①猪饲料的选用。即根据猪饲料的特点以及猪在不同月龄、不同发育阶段的营养需要,选择适当的饲料进行饲养。小猪生长发育旺盛,但胃肠容量小,消化机能弱,可选择易消化、营养丰富且含纤维素少的高能量、高蛋白饲料。中猪消化器官已充分发育,胃肠容量较大,在这个阶段,为满足其骨骼和肌肉的生长需要,可以较多地喂些粗料和青饲料。催肥猪骨骼和肌肉生长已趋缓慢,脂肪沉积加强,此时,则应多喂含淀粉较多的配合饲料。

②饲料报酬的分析。饲料报酬一般使用以下计算公式:

饲料转化率(%)=畜产品增重(千克)/饲料消耗量(千克)×100

料肉比=饲料消耗量(千克)/畜产品增重(千克)

(3)猪的饲养管理。仔猪饲养的基本要求是"全活全壮",出生后一周内的仔猪,着重抓好成活。一是做好防寒保暖等护理工作;二是做好饲养工作,日粮以精饲料为主,饲料多样化。同时,要及时给母猪补饲,以免影响仔猪的成活。

育肥猪的饲养,其育肥的基本要求是:日增重快,在最短的时间内,消耗最少的饲料与人工,生产品质优良的肉产品。一般育肥方法有两种:一是阶段育肥法,即根据猪的生长规律,把整个育肥期划分成小猪、架子猪、催肥猪等几个阶段,依据"小猪长皮、中猪长骨、大猪长肉、肥猪长膘"的生长发育特点,采取不同的日粮配合。在最后催肥阶段,除加大精料量外,尽量选用青粗饲料。这种方法的优点是:精饲料用量少,育肥时间长,

一般在饲料条件差的情况下采用。二是直线育肥法,即根据各个生长发育阶段的特点和营养需要,从育肥开始到结束,始终保持较高的营养水平和增重率。此法育肥期短、周转快、增重多、经济效益好。

2.专业化养鸡场生产管理

(1)养鸡场的种类。现代化的养鸡场根据不同的经营方向和生产任务,可分为专业化养鸡场和综合性养鸡场两种。

①专业化养鸡场。种鸡场的主要任务是培养、繁殖优良鸡种,向社会提供种蛋和种雏。这类鸡场对提高养鸡业的生产水平起着重要作用。

肉鸡场是专门提供肉用鸡的商品化鸡场,为社会提供肉用鸡。

蛋鸡场专门饲养商品蛋鸡,向社会提供食用鸡蛋和淘汰母鸡。

②综合性养鸡场。综合性养鸡场集供应、生产、加工、销售于一体,生产规模大、经营项目多、集约化程度较高,形成联合专业大户体系,是商品化养鸡业发展到一定阶段的产物。这种现代化养鸡场一般设有饲料厂、祖代鸡场、父母代鸡场、孵化厂、商品鸡场、屠宰加工厂等,为社会提供种鸡、种雏、商品鸡、分割鸡肉等产品,销往国内外市场。

(2)饲养管理方式。喂饲是养鸡场最基本、最经常、最大量的生产工作。其要求:一是使鸡群得到良好的照管和喂饲,保证鸡群健康生长发育;二是节约饲料费用以及在喂饲方面的劳动消耗,不断提高饲料报酬率和劳动生产率,降低生产成本。

①饲养技术方式。饲养技术方式主要有平养和笼养两种。

平养。又可分为地上平养、栅条平养、网上平养等方式。地上平养,即在鸡舍地面上铺上垫料(锯末、沙土等),使鸡在垫料上自由活动采食。这种方式简便易行,投资少,但饲养密度低,一般每平方米养肉鸡8~10只,蛋鸡4~6只。栅条平养,即在鸡舍地面上一定高度用柳条或竹竿等铺架一层漏缝地板,把鸡养在栅条上。其优点是鸡床干燥,比较卫生,能就地

取材,投资成本低,这种方式一般每平方米可养肉鸡 11~15 只,蛋鸡 7~9 只。网上平养,是以金属网代替栅条做鸡床,虽然比较耐用,但投资较大。

笼养。鸡群笼养是现代化养鸡的主要方式,按饲养工艺可分为开放式与密封式两种。开放式笼养,是以自然光照、自然通风换气为主;密封式笼养,是建造可以人工控制环境的鸡舍,使鸡舍保持一定的温湿度和光照。笼养可以提高饲养密度和单位面积养鸡量,便于集中管理,减轻劳动强度,减少鸡群感染疾病的机会,提高集约化水平。但技术要求高,投资大,具备一定条件的养鸡场才能运用。

②饲养管理方式。饲养方式确定后,就要进行相应的劳动管理,即合理的劳动分工和人员配备,以保证正常喂饲工作的进行。养鸡场每天的喂饲工作包括一系列操作活动,这些操作是由不同工种的工人分工协作完成的。在专业化养鸡场中,饲养人员一般按鸡舍或鸡栏编组,分管一定数量的鸡群,以保证喂饲工作正常地进行。

(3)养鸡场环境的控制。养鸡场环境,一般是对养鸡生产造成影响的多种外界因素的统称,包括养鸡场所处地域、养鸡场的设施装备、鸡舍内小气候和饲养密度等条件。

①场址选择。养鸡场是一座生物工厂,为保证鸡的健康生长,要做到以下几点:一是寻找空气新鲜、无病原菌污染的地方;二是有充足可靠的水源,最好是自来水或深井水;三是交通运输便利,包括陆运、空运;四是电力供应充足,要保证孵化、育雏、育成、产蛋舍的动力,以及饲养加工、抽水、照明等需求。

②温度控制。最适宜的温度是 18.3~23.5 ℃,一般在 13~29 ℃。高温会使蛋鸡饮水量增加、呼吸加快、体温升高、血钙含量下降,导致蛋壳变薄、鸡体重减轻、产蛋量减少、蛋的质量下降等。因此,炎热的夏季应设法降温,注意鸡舍屋顶的隔热性,加大通风量;在冬季要注意增温,晚上的喂

料可以添加一些油脂,以增加热量,提高鸡的御寒能力。

③光照控制。产蛋鸡每天光照时间超过 12 小时,就能增加产蛋量,达到 14 小时后增产效果更为显著, 一般规定产蛋期每天光照时间为16 小时。但是光照的时间达到或超过 17 小时,对产蛋反而不利。光照变化的刺激作用一般在 10 天以后才能见效, 所以从育成鸡光照程序改为产蛋鸡光照程序的适宜时间应从 20 周龄时开始, 同时要相应改变饲料配方和增加给料量。延长光照时间通常采用三种方式:一是早晨补充光照,二是傍晚补充光照,三是早上和傍晚都补充光照。

④换气通风。由于鸡生长发育过程中要排泄粪便,吸入氧气,呼出二氧化碳,因此一般鸡舍有害气体较多,主要是氨、硫化氢和二氧化碳。鸡舍的平面布置应根据饲养工艺、饲养阶段、喂料的机械化程度、清粪方式、通风设施等全盘考虑,使鸡舍有足够的新鲜空气,增加氧含量。

(4)疫病防治。在集约化生产条件下,严格的疫病防治是保证鸡群健康成长,获得高产、高效益的重要措施。为此要贯彻"预防为主"的方针,严格卫生防疫制度,实行预防接种,及时扑灭疫病,为鸡的健康成长创造良好的环境。

①加强饲养管理,搞好清洁卫生。经常保持良好的鸡舍环境,饲养人员要搞好个人卫生,保持鸡体、饲料、饮水、食具及垫料干净,及时清除粪便,非饲养人员一律不得进入鸡舍。

②坚持消毒制度,定期接种疫苗。消毒可采用机械消毒、物理消毒和化学消毒等方法,实行经常性消毒、定期消毒和突击消毒相结合。为了防止疫病的发生,可以根据所在地区鸡传染病种类和毒型,结合本场具体情况,制定免疫程序,定期进行各种疫苗的预防接种。

③尽早发现疫情,及时扑灭疫病。鸡场一旦发生传染病或疑似传染病时,必须遵循"早、快、严"的原则,及时诊断,尽快扑灭,对病鸡实行严格

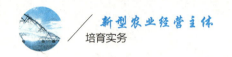

隔离,对健康的鸡要进行疫苗接种和疾病防治,对病重的鸡要坚决淘汰,死鸡的尸体、粪便及垫料等运往指定地点焚烧或深埋。

(5)养鸡生产的周转。养鸡生产经过一个生产周期进入另一个生产周期,这种转换称为生产周转。其方式一般有两种:

①"全进–全出"制方式。即一个鸡场饲养同日龄的鸡群,一起进场,在生产期满后一起出场。这种周转方式,一是可以最大限度地利用鸡的最佳生长时期,获得高产、高效益。二是可以组织严格的防疫。这种方式能最大限度地消灭场内的病原体,避免各种传染病的循环感染,也能使免疫接种的鸡群获得一致的免疫力。肉鸡生产多数采用这种周转制度。

②再利用方式。再利用方式是蛋鸡特有的周转方式,即在蛋鸡产蛋1周期后,通过强制换羽,使产蛋鸡休产一个时期,再进行第二个产蛋期的利用。有的还要进行第二次强制换羽,再进入第三个产蛋期。

第三章　家庭农场

▶ 第一节　概　述

一　主要特征

家庭农场具体有以下五点特征：

1.以家庭成员为主要劳动力

家庭农场以家庭为基本经营单位，以家庭成员为主要劳动力。家庭农场是对我国农业家庭基本经营制度的继承，家庭经营制度有其特有的优势。家庭成员之间的血缘关系构建了家庭农场成员之间天然的信任关系，使得家庭农场成员之间的利益目标高度一致，有效避免了委托代理问题，降低了监督成本。家庭农场没有雇工或只有少量雇工，比如在农忙季节等特殊时期可以短期雇工辅助生产经营，但一般常年雇工数量不超过家庭劳动力数量。如果家庭农场长期雇工太多，则超出了家庭经营的范畴，可能成为资本化农场。

2.以农业收入为主要经营收入

家庭农场是市场经济的产物，以市场需求为导向，以追求利润最大化为目标，进行专业化、商品化生产，这是家庭农场区别于以小而全、自给自足生产经营为特征的传统农户和以从事非农产业为主的兼业农户的

一个显著特征。家庭农场以农业生产为主业,专门从事某一两类产业的生产经营,其产品的商品化率和生产效益均较高。家庭农场的收入来源以农业收入为主,其中包括农业种养收入、农产品加工收入、乡村旅游收入等方面。家庭成员可能会在农闲时外出打工,但其主要劳动场所在农场,以农业生产经营为主要收入来源,是新时期职业农民的主要构成部分。

3.经营规模适度且相对稳定

家庭农场通过流转土地实行规模化经营,家庭农场的经营规模应达到一定标准。家庭农场的经营规模要比传统小农户大,但也不是越大越好,家庭农场的规模要适度。我国的基本国情是人多地少,尽管已有很多农村人口向城镇转移,但长期来看农村仍将留有大量人口依靠土地生活。从人地关系的角度来看,我国不适合发展类似欧美国家的大规模公司农场。并且,土地规模太大,土地产出效率也会下降。家庭农场以家庭成员为主要劳动力,家庭农场的规模应与家庭成员的劳动生产能力以及农业生产设施装备、农业社会化服务水平、农业产业发展特点等条件相适应。考虑到各地农业资源禀赋和农业发展状况的差别,不同地区、不同种类的家庭农场规模标准应有差异,各地家庭农场的具体规模标准应由各地农业主管部门根据当地实际情况制定。

4.生产集约化水平较高

家庭农场作为自主盈亏的市场经营主体,其收入主要来自农业生产,并且作为规模化经营主体,其运营成本和承担的风险也更高。因此,为了在市场竞争中脱颖而出和获取更多利润,家庭农场有强烈的动力增加农业投入、采用新品种新技术、改善经营管理。家庭农场经营者具有一定的资本投入能力、农业技能和管理水平,能够采用先进技术和装备,经营活动有比较完整的财务收支记录。这种集约化生产,使得家庭农场能够获

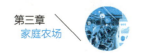

得较高的土地产出率、资源利用率和劳动生产率,对其他农户开展农业生产起到示范带动作用。

5.新型职业农民的载体

农场经营者不仅是有种田能力的职业农民,而且是懂技术、善管理、会经营、善于把握市场的职业农民。家庭农场有助于新型职业农民群体的形成和扩大。

二 优势

与其他农业组织形式相比,家庭农场主要有以下三个方面的优势:

1.充分发挥家庭成员作用

农业生产具有季节性和地域性,收获的周期长,劳动成果大多数表现在最终成果上。这种以血缘关系为纽带构成的经济组织,其成员之间具有天然的亲和性。家庭成员的利益一致,内部动力高度一致,可以不计工时,无须付出额外的外部监督成本,可以有效克服"投机取巧、偷懒耍滑"等机会主义行为。同时,家庭成员在性别、年龄、体质和技能上的差别,有利于有效分工,因此这一模式特别适用于农业生产。

2.享有规模经营优势

家庭农场主要是利用家庭劳动力,部分使用自有土地,较少受到土地流转成本与雇工成本的制约。与合作社相比,家庭农场更贴近当地社区,可以充分依托地缘、血缘关系,减少交易谈判成本。与专业大户和合作社相比,家庭农场作为法人主体,能够通过资产抵押、信用贷款等方式获得金融机构的资金支持。因此家庭农场可以通过扩大规模,获得竞争优势,也可以通过纵向一体化经营模式获得范围经济。

3.专业性优势

传统农户家庭成员分工明显,如年轻人参与非农就业获得工资性收

入,老年人留守农村从事小规模农业生产经营,而工资性收入构成了家庭收入的很大一部分。在这种经营模式下,不可避免地带来要素投入少、科技含量低、经营粗放等问题。相比之下,家庭农场主以农业经营为主的经营模式,能有效提高农场主参与农业生产的积极性,有利于资金要素的投入和科技要素的导入,推动农业的集约化生产。

三 发展定位

1.什么是家庭农场的发展定位

经营家庭农场首先要明确发展定位,发展定位非常重要,关系着家庭农场的发展方向和目标。家庭农场投资大、风险高,如果没有适当的发展定位,跟风投资、盲目上马项目,搞不好会血本无归。家庭农场的发展定位主要包括:①选择什么样的项目,是种植业、养殖业,还是种养结合等;②生产什么样的产品,即产品的特色如何,竞争优势在哪,在同类产品中属于什么档次等;③销售给什么样的客户,即选择目标销售对象,针对什么样的人群销售,在什么地方销售,产品的价格定位如何,等等。

2.家庭农场如何进行发展定位

(1)在市场调研的基础上进行定位。一定要进行充分的市场调研,要了解有意向发展的相关产业的市场规模、竞争格局、市场需求、盈利模式、主要产业技术、产业政策等方面的信息,并根据这些信息来分析家庭农场发展的可行性和突破点。

(2)结合自身资源优势进行定位。首先要客观、准确地评估家庭农场自身所拥有的各种资源,包括家庭劳动力数量、农业生产技术水平、设施设备配套能力、土壤气候条件、市场渠道资源、公共关系资源等,然后从自身的独特资源优势出发去确定发展定位。比如,如果农场主是种粮能

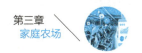

手,就可以搞粮食种植;如果家庭农场有蔬菜销售渠道,就可以搞蔬菜种植。

(3)要尽量选择有特色的项目。有特色才能有赢利点,有创新才有可能在市场竞争中获取高回报,因循守旧肯定挣不了大钱。当然,创新也必然伴随着风险。家庭农场作为新型农业经营主体,应开拓进取、大胆创新。在条件允许的情况下,家庭农场应努力学习新技术、引进新品种,搞一些特色养殖、特色种植,实现农业比较效益。

(4)定位应该突出主业。家庭农场发展的项目不能太多,要定位精准,突出核心业务,不能追求"大而全",要追求"小而精"。家庭农场应以一两个产品为主导,集中投入、稳定生产、提高品质、精深加工、延伸产业链、打造品牌,从而获取更大的经济效益。

四 创办与登记

为更好地培育推广家庭农场,全国各地已纷纷探索建立家庭农场的注册登记制度,明确认定标准、登记办法,具体内容如下:

1.家庭农场的注册登记机关

家庭农场一般由家庭农场经营场所或者住所所在县、不设区的市工商行政管理局以及市辖区工商行政管理分局注册登记。

2.家庭农场的注册类型

家庭农场申请登记人可根据生产规模和经营需要选择登记为个体工商户、独资企业、合伙企业和有限公司。登记类型根据家庭成员共同要求来确定,但组织形式应为家庭成员经营。

(1)申请登记为个体工商户类型的家庭农场,依据《个体工商户条例》及相关规定办理登记。

(2)申请登记为个人独资企业类型的家庭农场,依据《中华人民共和

国个人独资企业法》及相关规定办理登记。

（3）申请登记为合伙企业类型的家庭农场，合伙人是同一家庭成员，依据《中华人民共和国合伙企业法》及相关规定办理登记。

（4）申请登记为公司类型的家庭农场，公司股东是同一家庭成员，依据《中华人民共和国公司法》及相关规定办理登记。

3.家庭农场的登记审批流程

第一步：申请。符合家庭农场认定条件的农户向家庭农场经营地的所在村（社区）提出申请，并填写和附带以下材料：家庭农场认定申请表、土地承包或土地流转相关证明文件的复印件、家庭农场经营者资格证明和户口本复印件、家庭农场固定从业人员身份证复印件。

第二步：初审。村（社区）对申报材料和申请农户进行初审，对符合条件的家庭农场，在申请表上签发意见。

第三步：复审。镇（街道）农村工作部门对申报材料进行复审，提出复审意见，并将材料报送市（县）、区农村工作部门。

第四步：认定。市（县）、区农村工作部门根据上报材料进行认定，对认定合格的家庭农场进行登记、建档，并颁发"家庭农场证书"。

第五步：备案。各市（县）、区农村工作部门对已经认定的家庭农场，报市级农村工作部门备案。

4.家庭农场注册登记所需材料

（1）家庭农场申报人身份证明原件及复印件。

（2）家庭农场认定申请及审批意见表。

（3）土地承包合同或经鉴证后的土地流转合同及公示材料（土地承包流转等情况）。

（4）家庭农场成员出资清单。

（5）家庭农场发展规划或章程。

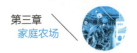

（6）其他出具的证明材料需要注意以下几点：第一，土地流转以双方自愿为原则，并依法签订土地流转合同；第二，土地经营规模，比如水田、蔬菜和经济作物经营面积要在 30 亩以上，其他大田作物经营面积在 50 亩以上，土地经营要相对集中连片；第三，土地流转时间要在 10 年以上（包括 10 年）；第四，投入规模，投资总额（包括土地流转费、农机具投入等）要在 50 万元以上；第五，要有符合创办专业农场发展的规划或章程。

▶ 第二节　规划与政策

一 规划

规划是实现发展定位的具体措施，主要包括做好农场建设方案、资金筹措方案、投资预算安排、风险评估及应对措施、销售方案制定、管理制度设计等。建设家庭农场并非短期项目，家庭农场的规划设计需要全盘考虑，需要专业人士的规划设计，需要做长期的规划，也需要将长期规划分解为各种短期的计划。

家庭农场主作为一个家庭农场的管理者，要明白计划是管理活动的桥梁，是组织、领导和控制等管理活动的基础。家庭农场生产经营、市场营销等所有活动均离不开计划。计划工作具有普遍性和秩序性，计划工作是所有管理人员的一种重要职能。对于发展中的家庭农场而言，制定一个富于理想而且可以实现的计划，不仅对家庭成员具有激励作用，也可以提高雇员的士气。

做一份好的计划，需要有六项内容，人们称之为"5W1H"，包括做什么？（What：目标与内容）为什么做？（Why：原因）谁去做？（Who：人员）何

地做?（Where:地点)何时做?（When:时间)怎样做?（How:方式、手段)。

做一项计划的步骤有四部分:第一,是确定目标。第二,是认清现在:环境研究(外部环境和内部环境的研究)。第三,是研究过去:过去决策可能带来的影响并发现其规律。第四,是拟订和选择可行的行动计划:拟订备选方案,比较和评价备选方案,确定选择原则,选定满意或合理的方案。

二）政策

《关于实施家庭农场培育计划的指导意见》指出,要从多角度、多层面建立健全家庭农场的政策支持体系。

第一,依法保障家庭农场土地经营权。健全土地经营权流转服务体系,鼓励土地经营权有序向家庭农场流转。推广使用统一土地流转合同示范文本。健全县乡两级土地流转服务平台,做好政策咨询、信息发布、价格评估、合同签订等服务工作。健全纠纷调解仲裁体系,有效化解土地流转纠纷。依法保护土地流转双方权利,引导土地流转双方合理确定租金水平,稳定土地流转关系,有效防范家庭农场租地风险。家庭农场通过流转取得的土地经营权,经承包方书面同意并向发包方备案,可以向金融机构融资担保。

第二,加强基础设施建设。鼓励家庭农场参与粮食生产功能区、重要农产品生产保护区、特色农产品优势区和现代农业产业园建设。支持家庭农场开展农产品产地初加工、精深加工、主食加工和综合利用加工,自建或与其他农业经营主体共建集中育秧、仓储、烘干、晾晒以及保鲜库、冷链运输、农机库棚、畜禽养殖等农业设施,开展田头市场建设。支持家庭农场参与高标准农田建设,促进集中连片经营。

第三,健全面向家庭农场的社会化服务。公益性服务机构要把家庭农场作为重点,提供技术推广、质量检测检验、疫病防控等公益性服务。鼓励农业科研人员、农技推广人员通过技术培训、定向帮扶等方式,为家庭农场提供先进适用技术。支持各类社会化服务组织为家庭农场提供耕种防收等生产性服务。鼓励和支持供销合作社发挥自身组织优势,通过多种形式服务家庭农场。探索发展农业专业化人力资源中介服务组织,解决家庭农场临时性用工需求。

第四,健全家庭农场经营者培训制度。国家和省级农业农村部门要编制培训规划,县级农业农村部门要制定培训计划,使家庭农场经营者至少每三年轮训一次。在农村实用人才、带头人等相关涉农培训中加大对家庭农场经营者培训力度。支持各地依托涉农院校和科研院所、农业产业化龙头企业、各类农业科技和产业园区等,采取田间学校等形式开展培训。

第五,强化用地保障。引导家庭农场发展设施农业。鼓励各地通过多种方式加大对家庭农场建设仓储、晾晒场、保鲜库、农机库棚等设施用地的支持。

第六,完善和落实财政税收政策。鼓励有条件的地方通过现有渠道安排资金,采取以奖代补等方式,积极扶持家庭农场发展,扩大家庭农场受益面。支持符合条件的家庭农场作为项目申报和实施主体参与涉农项目建设。支持家庭农场开展绿色食品、有机食品、地理标志农产品认证和品牌建设。对符合条件的家庭农场给予农业用水精准补贴和节水奖励。家庭农场生产经营活动按照规定享受相应的农业和小微企业减免税收政策。

第七,加强金融保险服务。鼓励金融机构针对家庭农场开发专门的信贷产品,在商业可持续的基础上优化贷款审批流程,合理确定贷款的额度、利率和期限,拓宽抵押物范围。开展家庭农场信用等级评价工作,鼓

励金融机构对资信良好、资金周转量大的家庭农场发放信用贷款。全国农业信贷担保体系要在加强风险防控的前提下,加快对家庭农场的业务覆盖,增强家庭农场贷款的可得性。继续实施农业大灾保险、三大粮食作物完全成本保险和收入保险试点,探索开展中央财政对地方特色优势农产品保险以奖代补政策试点,有效满足家庭农场的风险保障需求。鼓励开展家庭农场综合保险试点。

第八,支持发展"互联网+"家庭农场。提升家庭农场经营者互联网应用水平,推动电子商务平台通过降低入驻和促销费用等方式,支持家庭农场发展农村电子商务。鼓励市场主体开发适用的数据产品,为家庭农场提供专业化、精准化的信息服务。鼓励发展互联网云农场等模式,帮助家庭农场合理安排生产计划、优化配置生产要素。

第九,探索适合家庭农场的社会保障政策。鼓励有条件的地方引导家庭农场经营者参加城镇职工社会保险。有条件的地方可开展对自愿退出土地承包经营权的老年农民给予养老补助试点。

▶ 第三节　经营管理

一　土地流转

我国家庭农场主要由专业大户、经营大户发展而来,原有土地规模很小,现阶段绝大部分家庭农场都需要通过流转土地实现规模化经营,土地流转是家庭农场发展的重要决定因素。

1.土地流转方式

家庭农场流转土地可依法采取转包、出租、互换、转让或者其他方式

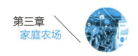

流转。

（1）转包是指承包方将部分或全部土地承包经营权以一定期限转给同一集体经济组织的其他农户从事农业生产经营。转包后，原承包土地关系不变，原承包方继续履行原土地承包合同规定的权利和义务，接包方按转包时约定的条件对转包方负责。承包方将土地交他人代耕不足一年的除外。采取转包方式流转的，应当报发包方备案。

（2）出租是指承包方将部分或全部土地承包经营权以一定期限租赁给他人从事农业生产经营。出租后原土地承包关系不变，原承包方继续履行原土地承包合同规定的权利和义务。承租方按出租时约定的条件对承包方负责。采取出租方式流转的，应当报发包方备案。

（3）互换是指承包方之间为方便耕作或者各自需要，对属于同一集体经济组织的承包地块进行交换，同时交换相应的土地承包权。采取互换方式流转的，应当报发包方备案。当事人可以要求办理农村土地承包经营权变更登记手续。

（4）转让是指承包方有稳定的非农职业把经营权让渡给其他从事农业生产经营的农户，由其履行相应土地承包合同的权利和义务。转让后，原土地承包经营关系自行终止，原承包方承包期内的土地承包经营权部分或全部灭失。承包方转让承包土地，发包方同意转让的，应当及时向乡（镇）人民政府农村土地承包管理部门报告，并配合办理有关变更手续；发包方不同意转让的，应当于7日内向承包方书面说明理由。通过招标、拍卖和公开协商等方式承包荒山、荒沟、荒丘、荒滩等农村土地，经依法登记取得农村土地承包经营权证的，可以依法采取转让的方式流转。

（5）其他流转方式。不宜采取家庭承包方式的荒山、荒沟、荒丘、荒滩等农村土地，可以采取招标、拍卖、公开协商等方式承包。

2.土地流转原则

土地流转双方应遵循"依法、自愿、有偿"和不改变土地所有权性质和农业用途等基本原则进行土地流转,具体来说,家庭农场流转土地应遵循以下原则:

(1)平等、协商、自愿、有偿原则。任何组织和个人不得强迫或者阻碍承包方进行土地承包经营权流转。平等指土地承包经营权流转的双方当事人的法律地位平等,双方的法律地位平等是土地承包经营权民事流转的基础。自愿是指土地承包经营权的流转必须出于双方当事人完全自愿,流转方不得强迫受流转方必须接受土地承包经营权流转,受流转方也不得强迫流转方必须转让土地流转承包经营权流转。有偿是指土地承包经营权的流转应是等价有偿,应当体现公平原则,有偿原则并不排斥土地承包经营权在某些时候的无偿流转。土地承包经营权流转的具体事宜应当由双方当事人协商,任何组织和个人不得强迫或阻碍土地承包经营权的流转。

(2)不得改变土地所有权的性质和土地的农业用途。土地承包经营权的流转,不得改变土地承包经营权的性质,也不得改变土地的农业用途。

(3)土地流转的期限不得超过承包期的剩余期限。例如,土地承包权限是50年,承包人已使用30年了,该土地的土地承包经营权流转的期限不得超过20年。

(4)受让方必须有农业经营能力。受让方应当具有农业生产的能力,这是对受让方主体资格的要求,如果他不能从事农业生产,就不能承接土地承包经营权的流转。

(5)在同等条件下,本集体经济组织成员享有优先权。

3.土地流转流程

土地流转交易的主要流程如下:

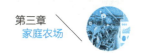

（1）提出申请。土地流出方向的村民小组或村民委员会提出申请并填写流转申请书,内容包括姓名、村名、面积、地名、地类、价格、期限、联系电话等,由村流转信息员向乡(镇)土地流转服务站报送。土地流入方向的乡(镇)土地流转服务站提出申请并填写土地流转申请表,内容包括姓名、单位、需求面积、地类要求、意向流转期限、拟从事经营项目、联系电话。由乡(镇)土地流转服务站办理并向县土地流转服务中心备案。

（2）审核、登记。流出方土地情况审核按照"属地核实"的原则,经村民委员会和村民小组同意并办理相关手续后,进行登记。乡(镇)土地流转服务站对流入方的经营能力和经营项目进行审核后,进行登记。

（3）流转价格评估。流转土地价格由流转双方当事人协商确定,或委托乡(镇)土地流转服务站组织有关人员评估土地流转价格,作为参考依据。流转面积较大的,可由县土地流转服务中心组织专家进行评估。

（4）信息发布。乡(镇)土地流转服务站根据流转价格评估结果及土地流转双方提供的信息,在交易服务场所进行信息发布,并约请流转当事人会面,平等洽谈。

（5）自愿协商。县、乡(镇)土地流转服务组织作为管理、服务机构,协助土地流转双方依法自愿当面洽谈流转价格、期限等相关事宜。

（6）签订合同。土地流转双方协商一致,达成流转意向后,按程序签订统一文本格式的土地流转合同。

（7）鉴证、归档。土地流转合同文本一式五份,经乡(镇)鉴证。流转面积较大的应在双方自愿的基础上进行公证。合同文本流转双方各执一份,其余三份分别由村、乡(镇)、县归档备案。

二 融资

1.融资困境与优势

与传统小农户相比,家庭农场需要投入的资金要大得多。大多数家庭农场本不富裕,兴办家庭农场需要大量的资金投入,家庭农场的生产经营、规模扩张、基础设施建设、农资农机购置都需要大量的资金投入。在自有资金无法满足生产经营需要的情况下,就需要解决融资问题。解决融资问题,使资金在农场主的经营活动中获得良好的周转和循环,是目前家庭农场的首要任务。融资就成为制约家庭农场生产经营发展的瓶颈。

现今,正处在我国家庭农场发展的初期,各地区家庭农场融资困境主要表现在两方面:一方面,融资金额较大,需求量总体呈上升趋势,自筹资金已很难满足发展需要。随着家庭农场经营规模的扩大,家庭农场主对信贷资金的需求力度也越来越大。另一方面,融资的成本越来越高。风险管理不足、缺乏有效的抵押资产、期货市场发育不成熟、政府补贴资金不足以及政策没有得到有效的实施等,导致农场主的融资成本越来越高。

但是,农场主个人作为融资主体相较于其他农业经营生产方式的融资主体有其特有的优势。首先,农场的经济效益与农场主密切相关,农场发展的好坏直接关系到农场主的利益。这种形式的融资主体积极性更强,对于融资的欲望更强。其次,家庭农场如同家族企业,具有传承性和延续性。经营良好的家庭农场传给下一代,会极大地减少他们的融资压力。最后,家庭农场有国家政策和相关机构的融资支持。

2.融资方式

作为家庭农场主,可以通过国家财政资金、贷款和自筹三种方式进行

融资。

（1）国家财政资金（政府资金投入）。国家近年来大力推广家庭农场，我国各级政府对家庭农场进行了大量的资金投入，然而，这些资金投入相对于农场主们对资金的需求还远远不够。此外，各地区资金投入差异较大，我国财政还没有为家庭农场设立专项发展资金。家庭农场建设初期，加大政府资金投入，确保财政补贴政策的有效实施能够帮助部分家庭农场摆脱融资难题。

（2）贷款（金融机构贷款）。家庭农场在创业初期，由于处于投资期而往往很难盈利，周转资金不足，很多农场主想通过贷款的方式缓解经济困难。然而，我国普遍存在着"贷款难"的现象。由于银行业等金融机构实施较为严格的贷款抵押担保制度，农场主们通常缺乏有效的抵押手段，作为固定资产的土地又是通过土地流转而得来的，缺乏抵押品的特征。因此，这种"贷款难"的现象需要政府、金融机构和农场主们共同协调才能得以解决。贷款难题的解决将会大幅度地改善融资困境。

（3）自筹（民间资本参与）。随着家庭农场的逐步推广，资金完全依靠政府补助已不现实，大部分资金还是需要农场主们自我筹集。如今，国内家庭农场的基础设施投入近八成来自农场主们的自有资金和民间借贷。多数家庭农场实行"两费自理"（"两费"指的是生产费用和生活费用），这种自给自足的经营模式给农场主们的融资施加了极大的压力。农场主的部分自有资金因用于租用土地，已不能满足基础设施投入的需要。又因为从金融机构难以取得贷款，农场主选择向周围的人借用资金。而这些资金只能暂缓应对初期投资问题，对于真正解决融资问题作用很小。但民间资本参与的自筹是成本低、速度快的一种筹资方式。

三 制度管理

作为家庭农场,虽然有农场主的言传身教,有长期形成的家风家规,但是作为企业式的运营,就必须有合乎一个组织发展目标的规范,只有这样才能让家庭农场更好地发展。

规章制度是管理的需要。规章制度一般是针对已经发生或容易发生的问题制定的,是管理实践的需要,而不是人的主观想象。没有控制的管理就不是管理,所以,管理要借助于制度来进行控制。家庭农场有了制度,就一定要按照制度执行。如果朝令夕改,或者制度仅仅针对某一个人或者几个人,就失去了制定制度的必要,而且将来再制定规章制度也没有人相信了。

家庭农场主必须按照企业管理模式来核算成本、加强管理、追逐利润,必须要适应市场、开拓市场。由于家庭农场实行规模化、集约化、商品化生产经营,因而具备较强的市场竞争能力。

农场内部生产经营活动要有组织性和计划性,建立明确的绩效考核制度,严格考核家庭农场每位人员在生产经营中的实际劳动和物化劳动消耗,要把"农场收支"与"家庭收支"等严格分开,正确反映农场劳动生产率和盈利状况。这是确立农场经营信心、改善经营管理、运用新技术、增强竞争紧迫感的重要依据,也是家庭农场实现利润最大化的重要条件。

家庭农场具体需要什么样的内部规章制度呢?一般需要《家庭农场员工规范》《人事制度》,其中包括培训、入职、考勤、请假、工资保险福利等制度,《财务制度》《车辆管理制度》《公章及合同管理规定》《办公用品领用制度》《车费报销制度》等,按照农场发展不同的阶段,需视具体需要建立一些具体的制度。

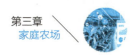

四 财务管理

家庭农场介于传统农户和农业企业之间的特殊性质决定了其会计处理应在规范化和可操作性上寻求平衡。相较于小农户,家庭农场规模更为庞大,业务更加复杂,管理更为重要,不记账或者流水账难以提供正确的信息。但是,我国人多地少,农业的整体生产力水平还比较落后,加上土地流转制度不完善和限制工商资本进入的政策导向,家庭农场的规模不是很大,发展进程较慢。因此,家庭农场的会计处理须从其实际情况出发,有一个循序渐进的过程,既要反映农户经济活动内容,满足自身经济管理的需要,又要从通俗易懂、简便易行出发,即适度规范、灵活多样。

现行家庭农场核算模式主要分为以下两种:

1."应收家庭农场款""待转家庭农场款""应付家庭农场款"核算模式

根据《农业企业会计核算办法》规定,对家庭农场核算应设置"应收家庭农场款""待转家庭农场款""应付家庭农场款"三个总账科目。

2."家庭农场往来"模式

在日常核算中,为避免一个家庭农场既有应收又有应付账户,简化核算,只设置"家庭农场往来"科目,科目的借方反映应收家庭农场的款项,科目的贷方反映应付家庭农场的款项,年末按余额方向归类,分别列入资产负债表的相应项。

五 认证管理

农产品"三品一标"认证是农产品标准化、家庭农场进行绿色管理和绿色营销的重要措施。"三品一标"认证是指无公害农产品、绿色食品、有机农产品和农产品地理标志。

六 利润分配

家庭农场要承担生活费用和生产费用两方面的开支。家庭农场作为一个独立生产经营单位,有着两种功能:一是生产,二是生活。因此,家庭农场的收入要用在如下两个方面,即生活费用和生产费用。

家庭农场的收入,是土地资源、设备、人力结合起来生产的财富,因此家庭农场的收入不能完全认为是个人劳动所得的收入,应该去除维持土地生产能力所必需的费用、维持经营者生活所必要的费用以及农场发展所需的资金。在去除以上各项费用后,所余下的生活费用代表着家庭成员的富裕程度,这部分资金供家庭成员自由支配,是农场取得的净收益。

七 扩大再生产

随着传统农业向现代化农业的转化,家庭农场成员的经营素质将会大大提高。可以预见,今后家庭农场会更充分地利用工业技术和设备。资金密集型和技术密集型的家庭农场也会更多地出现。因此,内涵型扩大再生产方式,将是家庭农场扩大再生产的主要类型。用增加劳动者数量扩大家庭经营规模的办法,今后会越来越少,更多的是采用新技术,改善经营的办法来增加家庭农场的经济效益。

八 风险控制

对于家庭农场而言,随着经营规模的扩大,风险也在相应扩大,必须有一个良好的风险控制体系,重点防控好自然风险、疫病风险、市场风险等。

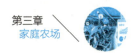

▶ **第四节　如何创办示范家庭农场**

一）为什么创办示范家庭农场

　　经过几年的发展,各地培育了一大批规模大、效益好、示范带动能力强、具有发展前途的家庭农场。从国家到各级政府,为了鼓励农场主率先做大做强,示范带动其他人大胆地发展,积极开展了国家级、省级、市级、县(市、区)级示范性家庭农场创建活动。本着扶优扶强的原则制定了一系列扶持政策。有的县(市、区)拿出资金奖励。大部分市级财政、农业部门与银行合作,采取农业部门担保、财政贴息、银行放款的形式对市级以上的示范家庭农场提供生产经营的流动资金贷款。有的省市财政部门专门设置财政扶持项目投向市级以上的示范性家庭农场。这些政策扶持,目的是通过扶优扶强,帮助这些家庭农场做大做强,做给农民看,带着农民干,起到"四两拨千斤"的作用。

二）如何创办示范家庭农场

　　全国各地情况不同,对示范性家庭农场的创建条件要求不一,但基本都是按照以下步骤进行:

1.创造条件

　　各级农业主管部门,根据创建等级(省、市、县)制定了不同的标准。家庭农场主应该按照标准,积极争创。

2.积极申报

　　对照创建条件,认为自己的家庭农场已经发展到创建示范性家庭农

场应具备的条件后,就要在每年的年初向所在的乡镇进行申报。

3.逐级申报

按照申报程序,应该是逐级申报。即你可以到当地乡镇的农业办公室或农业经营管理办公室提出申请,递交申请书。乡镇相关部门转报到县(市、区)农业主管部门,县(市、区)农业主管部门根据各乡镇申报情况进行综合评定,认为达到市级家庭农场创建条件的就推荐到市农业主管部门。依此类推。

4.逐级审核

目前的实际运作情况是,县(市、区)农业主管部门审核乡镇申报的情况,评定出县级示范性家庭农场,具体数量和标准由县级决定。然后再逐级上报,市级审核确定市级示范性家庭农场,具体数量和标准由市级决定。依此类推。

5.优中选优

按照逐级申报、逐级审核的原则,只有被评定为县级示范性家庭农场的,来年才能根据市级创建标准推荐到市级农业主管部门。通过市级示范性家庭农场认定的,如果具备了省级示范性家庭农场创建标准,来年才能推荐到省级农业主管部门。依此类推。

6.奖励扶持

各级财政部门,按照扶优扶强、做大做强的原则,都相应地制定了一系列奖励措施或扶持措施。或是名誉鼓励、资金奖励,或是项目支持,或是优惠政策。创建的等级越高,扶持的政策力度就越大。当然,对家庭农场的标准要求就越高。从目前看,对各级示范家庭农场的支持政策表现在如下方面:

(1)国家及省、市、县(市、区)涉农项目、人才培养、信贷资金、土地使用、用水用电等优先支持国家、省、市、县级示范家庭农场。

（2）各级财政对每年评定的国家、省、市、县级示范家庭农场优先予以扶持，切实发挥其辐射带动作用。

（3）示范性家庭农场还可以享受到政府职能部门担保、财政贴息、金融部门放款等金融服务。

第四章　农民专业合作社

第一节　概　述

一　概念

农民专业合作社是农民专业合作经济组织的主要组织类型之一。根据 2007 年《农民专业合作社法》第二条的规定，农民专业合作社是在农村家庭承包经营的基础上，同类农产品的生产经营者或同类农民生产经营服务的提供者、利用者，自愿联合、民主管理的互助性经济组织。它是农民自愿联合、共同所有和民主管理的一种组织形式。

农民专业合作社以服务成员、谋求全体成员的共同利益为宗旨，提供农产品生产资料的购买，农产品的销售、加工、运输、贮藏以及与农业生产经营有关的技术、信息等服务。如此一来，合作社的农民就具有双重身份，即他们不仅是农民专业合作社的成员，也是农产品的生产者、加工者和销售者。

二　特征

农民专业合作社具有法人资格，是独立的市场经济主体，享有生产经营自主权，受法律保护，任何单位和个人都不得侵犯其合法权益。

农民专业合作社具有下列特点：

1.是一种经济组织

近年来,我国各类农民合作经济组织发展迅速,并呈现出多样性,如农民专业技术协会、农产品合作社、农产品行业协会等,这些组织在提高农业生产的组织化程度、推进农业产业化经营和增加农民收入等方面发挥了积极的作用。这些组织在组织形式、运行机制、发展模式以及服务内容和服务方式上具有不同特点,有的已有相关法律、行政法规予以规范。只有从事经营活动的实体型农民合作经济组织才是农民专业合作社,那些只为成员提供技术、信息等服务,不从事营利性经营活动的农民专业技术协会、农产品行业协会等不属于农民专业合作社。

2.是建立在农村家庭承包经营基础之上的经济组织

农民专业合作社与农村集体经济组织的不同点在于，其是由依法享有农村土地承包经营权的农村集体经济组织成员所构成的,即以农民为主体,自愿组织起来的新型合作社。加入农民专业合作社不会影响家庭承包经营。

3.是专业的经济组织

农民专业合作社以同类农产品的生产或者同类农业生产经营服务为纽带,来实现成员共同的经济目的,其经营服务的内容具有很强的专业性。这里所称的"同类",是指以《国民经济行业分类》规定的分类标准为基础,提供该类农产品的销售、加工、运输、贮藏、农业生产资料的购买服务,以及与该类农业生产经营有关的技术、信息等服务。例如可以是种植专业合作社,也可以是更具体的葡萄种植、柑橘种植等专业合作社。

4.是自愿和民主的经济组织

任何单位和个人不得违背农民意愿,强迫他们成立或参加农民专业合作社;同时,农民专业合作社的各位成员在组织内部地位平等,并实

行民主管理,在运行过程中应当始终体现"民办、民有、民管、民受益"的精神。

5.是具有互助性质的经济组织

农民专业合作社是以成员自我服务为目的而成立的,参加农民专业合作社的成员,都是从事同类农产品生产、经营或提供同类服务的农业生产经营者,目的是通过合作互助提高规模效益,完成单个农民办不了、办不好、办了不合算的事。这种互助性特点,决定了它以成员为主要服务对象,决定了"对成员服务不以营利为目的"的经营原则。

因此,我国农民专业合作社依法应遵循五项基本原则:一是成员以农民为主体;二是以服务成员为宗旨,谋求全体成员的共同利益;三是入社自愿、退社自由;四是成员地位平等,实行民主管理;五是盈余主要按照成员与农民专业合作社的交易量(额)按比例返还。

三 类型

1.按发起主体不同分类

(1)能人牵头创办型。能人在农民专业合作社中具有重大影响。这类合作社通常是农业生产大户联合周边同类农产品生产的大户,为增强市场谈判能力、压缩农资采购成本、提高农产品销售价格而组建的农民专业合作社。

(2)企业带动型。这种类型的合作社通常是龙头企业通过合同契约的方式与农民专业合作社连接,而农民专业合作社一方面要组织合作社社员从事原料生产,另一方面也要按照合同向龙头企业提供相应的农产品。

(3)政府和基层组织领办型。一般是指利用一些政府人员、农业服务部门成员或者村两委成员的政治职能,围绕当地主导产业,把分散的农

户组织起来,开展产前、产中和产后服务,成立的农民专业合作社。

2.按合作社自身功能分类

(1)生产类合作社。此类合作社一般是指从事种植、养殖、采集、渔猎、牧羊、加工、建筑等生产活动的各类合作社。

(2)服务类合作社。此类合作社一般是指通过各种劳务、服务等方式,给社员提供生产生活的便利。

四 发展定位

农民专业合作社的定位,就是专业合作社应该做什么,它是专业合作社商业模式体系的起点,包括提供什么样的产品和服务,进入什么样的市场,深入行业价值链的哪些环节,选择哪些经营活动,与哪些合作伙伴建立合作关系,怎样分配利益,等等。

第一,要对专业合作社的业务进行定义。一是根据专业合作社销售的产品或服务定义其业务,二是针对某类客户群的需求定义专业合作社的业务,三是依据专业合作社所处的行业价值链环节确定其业务,四是按照专业合作社的关键资源能力及其组合定义其业务。

第二,要锁定专业合作社的目标客户。一是超越目前所卖的产品或服务,识别产品的隐含功能,探寻专业合作社的潜在客户;二是确定合适的客户标准,用以识别目标客户;三是寻找和专业合作相匹配的客户。

第三,要确定向目标客户提供什么样的产品或服务,尤其要关注客户的核心需求,在所有可提供的产品或服务中,确定应该将哪一种作为重点。

作为农民自愿联合、民主管理、自主经营、自负盈亏、独立核算的互助性经济组织,农民专业合作社的定位,可以概括为对内服务、对外经营。通过开展经营服务活动,解决社员一家一户难以解决的生产资料采购、

技术服务、新产品引进、产品销售等问题,改变单家独户进入市场势单力薄的弱势地位,解决农民进入市场的难题。只有根据当地资源优势、产业优势和市场需求,围绕当地有特色、有优势、有规模、有效益的种植业、养殖业、加工业进行业务定位,围绕当地市场前景好、竞争能力强的主导产业做最擅长的事情,围绕农业产前、产中、产后开展服务,专业合作社才会有旺盛的生命力。

五 创办与登记

农民专业合作社的成立要遵守国家法律、法规,根据设立流程和规章要求,依法申请注册农民专业合作社。具体内容如下:

1.准备名称

在申请农民专业合作社之前,应该先到工商部门进行名称预先核准并领取《名称预先核准申请书》,名称预先核准申请受理许可后,申请者领取《名称预先核准通知书》。具体要求如下:

(1)农民专业合作社在向其住所所在地的登记机关申请名称预先核准时,需要签署两份材料,一份是由全体设立人指定代表或者委托代理人签署的《农民专业合作社名称预先核准申请书》,另一份是由全体设立人签署的《指定代表或者委托代理人的证明》。

(2)农民专业合作社名称主要由四个部分组成,依次是行政区划、字号、行业、组织形式。

(3)农民专业合作社的业务经营范围包括:农业生产资料的购买、农产品的销售、加工、运输、贮藏,以及与农业生产经营有关的技术、信息等服务。

(4)农民专业合作社的住所应当是其主要办事机构所在地,填写住所应当标明住所所在县(市、区)、乡(镇)及村、街道的门牌号码。

（5）农民专业合作社的成员类型及证照类别应符合《农民专业合作社登记管理条例》的规定。成员类型及证照类别分为农民成员对应农业人口户口簿、非农民成员对应居民身份证、单位成员对应企业营业执照或者登记证书。

2.组织发起

（1）入社条件。加入农民专业合作社虽然遵循入社自愿、退社自由的原则，但是要想把合作社办好，仍需具备三个条件。

①社内成员一般是从事该专业的农民。

②专业生产规模化。无论是种植业还是养殖业都必须要达到一定的规模，形成商品量，如此才有组建合作社的必要。

③成立区域无限制，可跨区域合作。

（2）成员享有的权利。

①享有表决权、选举权和被选举权。

②利用本社提供的服务和生产经营设施。

③按照章程规定或者成员大会决议分享盈余。

④成员是农民专业合作社的所有者，有权查阅相关资料，如查阅本社的章程规定、成员名册、成员大会或者成员代表大会记录、理事会会议决议、监理会会议决议、财务会计报告和会计账簿。

⑤章程规定的其他权利。

（3）成员应尽的义务。

①执行成员大会、成员代表大会和理事会决议。

②按照章程规定向本社出资。

③按照章程规定与本社进行交易。

④按照章程规定承担亏损。

⑤章程规定的其他义务。

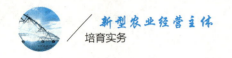
（4）入社程序。

①符合《农民专业合作社法》和《农民专业合作社管理条例》要求。

②准备合作社成员身份证复印件。

③仔细阅读填表须知，按照说明要求填写《农民专业合作社成员名册》。

3.起草章程

合作社章程一般由发起人组织拟订，召集筹委会或骨干会员，参照有关示范章程，讨论制定适合自己合作社的章程、财务管理方案以及业务计划。合作社章程是在遵循国家法律法规、政策规定的条件下，由全体成员制定的，并由全体成员共同遵守的行为准则。制定好章程，并按照章程办事，是办好一个合作社的关键。

准备《农民专业合作社示范章程》和《农民专业合作社法》，派遣人员到多个合作社进行参观学习，重点了解合作社成员出资情况、财务制度情况以及盈余分配等环节的规定。根据合作社的实际情况制定适合本合作社的章程。

4.组织召开设立大会

召开设立大会，要有会议纪要，只有召开由全体设立人参加的设立大会之后，农民专业合作社才可能成立。设立大会是农民专业合作社的一个重要会议，根据《农民专业合作社法》的规定，设立大会要做以下事项：首先，由全体社员一致通过本社章程。其次，建立组织结构，选举出理事长、监事长、理事会成员、监事会成员等。最后，审议其他重大事项。

5.准备相关登记注册文件、登记注册并领取执照

（1）准备相关登记注册文件、登记注册。在申请合作社之前应该先到工商部门进行名称预先核准，名称预先核准申请受理许可后，申请者领取《名称预先核准通知书》，同时领取《农民专业合作社设立登记申请书》

等有关表格;阅读填写相关表格;准备好登记提交文件目录,包括农民专业合作社登记申请书、全体创办人签名盖章的大会纪要、全体创办人签名盖章的章程、法定代表人和理事的任职文件及身份证明、出资成员签名盖章的出资清单、住所使用证明。自然人以外的设立人的公章,签字笔,A4纸打印;若申请登记的业务范围中有法律、行政法规和国务院规定必须在登记前报经批准的项目,应当提交有关的许可证书或者批准文件复印件。

（2）领取营业执照。20日内领取合作社法人营业执照。根据《农民专业合作社法》和《中华人民共和国行政许可法》的规定,申请人提交的设立登记申请材料齐全、符合法定规定,登记机关如果能够当场登记的,应予以当场登记,发给营业执照。如有其他情形,登记机关应当自受理申请之日起20日内,做出是否给予登记的决定。予以登记的,应当派发营业执照;不予登记的,应当给出书面答复,并说明理由。申请人对登记机关不予登记行为不服的,可在法定期限内向有关行政机关申请行政复议或直接向人民法院提起行政诉讼。

第二节　规划与政策

一 规划

要从战略高度和长远角度看待农民合作社规范提升问题,坚持规范与创新并举、质量与效益并重,以制度促规范、以规范促发展,探索系统、集成、整体推进农民合作社高质量发展的方法和路径,构建激励约束相容、多方协同的政策支持体系。

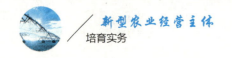

1.提升农民合作社规范化水平

这是农民合作社高质量发展的前提和基础，也是当前和今后一段时期最为迫切的任务。首先,要推进依章办事,指导农民合作社制定符合自身特点的章程,切实发挥章程在依法办社中的基础性作用。目前这一点是我国不少农民合作社规范化建设中的短板。要把章程管理和法人治理结构完善协同起来,建立健全成员大会、理事会、监事会等组织机构,让农户成员积极参与社务管理、乐于参与社务管理,实行民主管理、民主监督。其次,要突出抓好财务规范,落实盈余分配,将农民合作社财务管理规范摆在各类试点或示范创建的突出位置,指导农民合作社认真执行财务会计制度。再者,要做实成员账户,理顺农民合作社产权关系,以成员账户管理实现农民合作社良性治理。

2.增强农民合作社服务带动能力

这是农民合作社高质量发展的出发点和归宿,也是联农助农富农的真正体现。中国人多地少的特殊国情决定了大量的小农户将长期存在。农民合作社作为一种制度化的合作组织,不仅是一个经济实体,又是一个社会组织,更是乡村治理的重要载体,在产业发展、乡村建设、生态保护、文化传承、脱贫攻坚等方面发挥着多维功能。推动农民合作社高质量发展,要顺应产业发展逐步交叉渗透的变动趋势,立足自然风貌、田园风光、乡土风情的优势,引导农民合作社从单一业务向多种业务拓展,由生产领域向生产生活生态深度融合转变,深入挖掘农业多功能性,增强综合服务带动能力。当然,农民合作社要以市场需求为导向,顺应农民合作社发展阶段性特点,既不能忽视,也不能人为扩大。

3.促进农民合作社联合与合作

这是农民合作社高质量发展的必然要求,也代表了转型升级、提质增效的发展趋势。实践表明,多数单体农民合作社经营规模普遍较小,经济

实力不足,发展能力不强,难以有效应对激烈的市场竞争,迫切要求加强联合与合作。尽管近些年来联合社发展取得了积极成效,但与公司等市场法人相比,仍存在联合不紧密、经营松散、品牌化不强等问题。鼓励农民合作社通过兼并、合并等方式进行组织重构和资源整合,为农民合作社提升自身实力提供新路径。

4.加强试点示范引领

试点是改革的重要任务,示范是推进改革的重要方法。试点示范能否发挥引领作用,直接关系到农民合作社高质量发展的目标成效。开展农民合作社质量提升整县推进是推动农民合作社高质量发展的一项重大举措。在不到两年的时间里,农业农村部先后批复了两批整县推进试点。这些试点单位坚持"量质并举、以质为先",不断创新工作手段,积极引入社会力量,有力促进了农民合作社质量提升。

二 政策

政府对于农民专业合作社的支持主要是使用各种政策工具,改善合作社的外部市场环境,提升合作社为社员提供服务的自助能力和合作社的市场竞争力,促进市场的充分竞争,而不是代替合作社参与市场竞争。

《农民专业合作社法》专门设立"扶持政策"一章,明确了在产业政策倾斜、财政扶持、金融支持、税收优惠等方面对农民专业合作社给予扶持。支持农民专业合作社增强自我服务功能,支持专业合作社开展教育培训活动,支持专业合作社开展标准化生产、专业化经营、市场化运作、规范化管理,提高农业组织化程度,促进农村经济发展。

根据《农民专业合作社法》第四十九条至第五十二条的规定,农民专业合作社享有以下优惠政策:

(1)国家支持发展农业和农村经济的建设项目,可以委托和安排有条

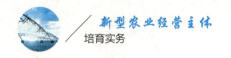

件的有关农民专业合作社实施。

（2）中央和地方财政应当分别安排资金，支持农民专业合作社开展信息、培训、农产品质量标准与认证、农业生产基础设施建设、市场营销和技术推广等服务。对民族地区、边远地区和贫困地区的农民专业合作社和生产国家与社会急需的重要农产品的农民专业合作社给予优先扶持。

（3）国家政策性金融机构应当采取多种形式，为农民专业合作社提供多渠道的资金支持。具体支持政策由国务院规定。国家鼓励商业性金融机构采取多种形式，为农民专业合作社提供金融服务。

（4）农民专业合作社享受国家规定的税收优惠。财政部、国家税务总局《关于农民专业合作社有关税收政策的通知》还对农民专业合作社享有的印花税、增值税优惠做出了具体规定：①农民专业合作社与本社成员签订的农业产品和农业生产资料购销合同免征印花税。②对农民专业合作社销售本社成员生产的农业产品视同农业生产者销售自产农业产品，免征增值税。③增值税一般纳税人从农民专业合作社购进的免税农业产品，可按13%的扣除率计算抵扣增值税进项税额。④对农民专业合作社向本社成员销售的农膜、种子、种苗、化肥、农药、农机，免征增值税。

▶ 第三节　经营管理

一　业务管理

1.制度管理

农民专业合作社应以社员为主要服务对象，提供产品购买、销售、贮藏以及与经营有关的技术、信息等服务；以服务社员为宗旨，谋求全体成

员的共同利益;体现"民办、民管、民收益"的基本原则。

农民专业合作社坚持以农民为主体,入社自愿,退社自由,成员地位平等,实行民主管理和盈余主要按照社员与合作社的交易量(额)按比例返还的办社宗旨。

在以上办理原则和宗旨下,农民专业合作社制定相应的管理制度。

2.购销管理

农民专业合作社是在市场经济条件下,广大农民为了维护自身利益而自愿联合起来进行自主经营、自我服务、自负盈亏的一种合作经济组织。它可以将独立的农业生产经营者的资源联合起来,有效解决分散型农户与大市场的对接问题,提高农户的整体收入和农业生产效率。生产资料的购买与产品的销售是农民专业合作社重要的职能之一,这项职能既可以防止中间商的压质压价,倒买倒卖,同时也避免了各组织之间相互压价的竞争局面,保护了社员的利益。通过专业合作社与中间商建立稳定的合作关系,可以加强农业生产的组织性,使市场能够有稳定的供给。

(1)统一为合作社成员采购、供应生产资料和设备。农民专业合作社最好统一组织实行规模采购,尽量减少成员的生产成本。合作社统一采购供应的资料必须保证质量,适合本社各种生产和质量安全技术标准。否则,造成的损失由负责采购的当事人赔偿。

(2)统一品牌、包装和销售。在合作社成员自愿的前提下,成员产品由合作社按质量要求进行加工、整理后,对合作社成员的产品使用统一品牌,进行统一包装,寻找统一销售渠道。农民专业合作社产品销售渠道是多元化的,选择什么样的销售渠道与其经营的产品、区域的位置以及品牌等密切相关。目前我国农产品的销售模式可以采取"农户+批发商""农户+龙头企业""农户+合作社+龙头企业""农户+供应商+超市"

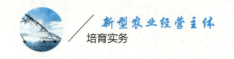

等模式。

农民专业合作社的销售渠道选择以下几种方式：

①选择风险比较小的订单式销售。合作社采取与超市、批发市场、公司签订订单合同，按照合同规定的产品、质量、价格、数量和交货日期进行销售。此种形式的销售风险小，有保障，不足之处是利润较直销稍低。

②选择直接进入批发市场和零售环节。这是目前大多数合作社选择的方式，尤其是农产品类型的合作社多采取这种形式，这种形式销售的产品价格较直销低，风险高，价格难以控制，另外中间环节也较多。

③选择代理商进行销售。优点：成本低，比较省心；缺点：产品销售易受代理商控制，合作社易处于被动地位。

④选择直销的方式，建立专门的销售机构。在超市、农贸市场、专门销售点或者电商平台建立自己专门的柜台进行销售。优点是可以直接控制产品价格，减少中间环节，增加合作社销售收入；缺点是要求合作社具备一定的实力，有较强的营销能力和较大的产品规模。这种方式的销售要求合作社有一定的信誉，产品质量经得起检验。

3.生产经营管理

（1）产前统一生产计划。合作社根据市场需求和本社产品的实际情况，统一制定年度生产计划和各个阶段生产计划，由社员（或者生产场、加工厂）按生产计划落实生产，与合作社签订生产合同。

（2）产中统一管理。合作社根据产前统一制定的阶段生产计划，由管理人员监督统一实施，保障质量。监督过程中如果遇到弄虚作假、按照产前制定的奖惩办法进行处罚。合作社实行民主管理，所有合作社成员均具有监督权。

（3）产后统一销售。按照农民专业合作社章程要求，合作社产品最终进行统一的产品包装和销售，能使合作社成员获得最大的利润。

4.加工运输管理

合作社统一生产加工,统一商标品牌,统一运输。积极开拓市场,扩大销售网络,寻求定向加工,努力降低销售费用,提高产品的附加值。

在合作社收购社员产品环节上,要严格执行合同规定的收购质量、价格、数量,对待社员要公平公正,不厚此薄彼;社员要维护本社形象和利益,要履约守信,不贪小利;社员要听从统一指挥,服从统一调度,保证在规定时间内,保质保量地交售产品,使产品能及时加工、包装、调运,进入市场。

在产品交售加工期,合作社要确保信息畅通,按市场行情,随时公布交售产品的品种、质量、价格以及交售办法和要求,使社员能及时组织采收、整理、分级、包装,使产品能适时进入市场。合作社要确定专人,定期对收购、储存、调运的产品以及待交售的产品,分社员、分生产场,分产品种类、分质量规格,分客户、分市场建立台账,做好统计分析,以指导、调度好加工、储存和运输。

5.技术信息服务

(1)统一技术标准和技术培训。合作社按照质量安全要求,统一组织制定、实施生产技术规程,按产品质量标准组织生产,逐步建立产品质量追溯、检测监督等制度。合作社在需要的时候,应该组织社员进行统一的技术培训。

(2)统一指导服务。合作社实行管理人员(或者社员代表)分生产区域、分产业产品品种负责制,统一对社员(或者生产场、加工厂)进行产前、产中、产后的指导服务和管理。合作社对管理人员的报酬或补助按任务完成情况进行考核发放。因指导服务不到位造成损失的,由负责人负责赔偿。

(3)统一信息服务。加强信息化建设,是农民专业合作社为成员提供

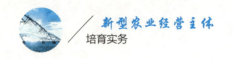

产前、产中、产后服务的重要手段。由于合作社成员主体是农民,创办主体也主要是农民,长时期形成的传统生产经营方式不可能因成立合作社就很快地转变过来,相当一部分合作社为成员的服务局限于产前、产中环节,销售领域的合作比较薄弱。一方面,农民的市场商品意识还不够强;另一方面,他们对市场缺乏了解,尽管组织了起来,形成了一定的生产规模,但还不能与市场进行有效的对接。实践中,在农技推广等有关部门的指导下,合作社已基本具备了为成员提供生产技术的服务功能,但按照市场需求,适应市场变化,提高市场竞争力,建立较稳定的市场销售渠道,则需要合作社具有信息化服务功能。

二 财务管理

合作社财务管理是农民专业合作社生存及其可持续发展的财力保障,加强农民专业合作社的财务管理,既有利于维护合作社成员的合法权益,也有利于合作社的健康良性发展。

1.账目设立与资产管理

(1)账目设立。农民专业合作社要严格执行《农民专业合作社财务会计制度(试行)》规定,根据实际需要设置账簿,一般设立总账、现金日记账、银行存款日记账、产品物资账、固定资产账、经营收支账、股金账、应收应付(成员往来)账及成员账。

①票据使用管理。农民专业合作社使用的票据要规范,发票统一使用税务部门提供的标准票据。其中固定资产、产品物资类使用"数量金额式"账簿,收入支出类使用"多栏式"账簿,现金、银行存款类使用"日记账",总账等其他类使用"三栏式"账簿。

农民专业合作社收支单据日常收款使用"农民专业合作社收款收据",支出使用"农民专业合作社付款票据",购入产品物资使用"农民专

业合作社产品物资入库单",出售产品物资使用"农民专业合作社产品物资出库单"。

②账务处理的流程管理。

a.农民专业合作社要统一会计科目,按照《农民专业合作社财务会计制度》规定并结合自身管理需要和业务特点建立会计核算体系,设置账簿,包括总分类账、银行存款日记账、库存现金日记账、股金明细账、成员往来明细账、产品物资明细账、固定资产明细账、代购代销明细账等。

b.要按照财务会计制度的规定正确核算经济业务,并定期定点向社员公布财务状况,让每个社员心中有数,了解资金的使用情况,增强财务管理透明度。

c.合作社要按照财务会计制度的规定,准确、及时、完整地编制资产负债表、盈余及盈余分配表、成员权益变动表、科目余额表、收支明细表等会计报表和财务状况说明书等,翔实地反映合作社当前财务状况和经营成果。努力提高会计报表的编制水平,报表要满足表内和表间的钩稽关系,并主动将编制好的会计报表及时报送给登记机关和所在地的农村经营管理部门,接受监督与指导。

③农民专业合作社收益分配管理。成员账户是农民专业合作社成员利益的载体,按照农民专业合作社法律规定设立成员账户,健全收益分配制度,兼顾公平与效率。

a.按照《农民专业合作社法》中有关盈余分配的规定进行盈余分配。农民专业合作社要根据自身发展状况和成员大会形成的决议,提取一定比例的盈余公积金,依法为每个成员设立成员账户,按照章程规定量化为每个成员的份额,计入个人账户,对国家财政直接补助和他人捐赠形式的财产平均量化到成员。

b.根据农民专业合作社的发展状况,合理确定盈余返还、股金分红和

股息的比例。可分配盈余按照成员与本社的交易量(额)按比例返还,返还总额不应低于可分配盈余的60%;其余部分可以按照出资额和盈余公积金份额、形成财产的财政补助资金量化份额、捐赠财产量化份额的比例分配给社员。合作社要建立盈余支付机制,将提取的盈余及时、全额支付给成员,坚决杜绝虚提盈余以及不及时、不足额甚至不向成员支付等现象的发生。

(2)资产管理。根据《农民专业合作社财务会计制度》规定,农民专业合作社的资产分为固定资产、无形资产、流动资产、农业资产和对外投资等五大类别。合作社的房屋、建筑物、机器、设备、工具、器具和农业基本建设设施等劳动资料,凡使用年限在一年以上、单位价值在500元以上的均可列为固定资产。有些主要生产工具和设备,单位价值虽低于规定标准,但使用年限在一年以上的也可列为固定资产。合作社的无形资产主要包括合作社持有的非专利技术、专利权、商标权、土地使用权等。

农民专业合作社会计制度,借鉴国际会计准则分类方法并结合我国农民专业合作社实际情况,将农产品和收获后加工得到的产品列为流动资产中的存货,将生物资产中的牲畜(禽)和林木列为农民专业合作社的农业资产,主要包括幼畜及育肥畜、产畜以及役畜(包括禽、特种水产等)、经济林木和非经济林木等。

2.成员账户管理

成员账户是农民专业合作社用来记录成员与合作社交易情况及其在合作社财产中所拥有份额的会计账户。《农民专业合作社法》和《农民专业合作社财务会计制度(试行)》均要求农民专业合作社必须为每个合作社成员设立成员账户,规定成员账户的核算方式。建立了农民专业合作社成员账户后,财务人员就可以详细记载成员的出资额、应享受的公积金份额以及成员与合作社的交易量(额)。

（1）成员账户的核算内容。根据《农民专业合作社法》第三十六条的规定，成员账户主要用于记载以下内容：①成员出资情况，如果为股份制农民专业合作社，还应该区分成员的基本股和投资股；②成员与农民专业合作社交易情况；③成员的公积金变化情况；④成员参与盈余返还金额和剩余盈余返还金额情况。这些单独记录的会计资料也是确定成员参与农民专业合作社盈余分配、财产分配的重要依据。

（2）成员账户的核算方法。

①核算标准。凡是农民专业合作社与成员之间的经济往来业务关系，都必须通过成员账户进行核算。具体地说，既核算农民专业合作社与成员之间的应收及暂付业务，又核算应付及暂收业务。

②资本金变更记录。涉及成员账户核算的资本金变更记录，应遵循《农民专业合作社财务会计制度（试行）》规定。资本金变更记录有以下几个方面：合作社实际收到成员股金（投资）、国家财政部门的补助款项，以及他人捐赠款项；合作社实际收到成员以加工厂房、无形资产作为股份入社的资本金变更记录；合作社实际收到成员增资和在工商部门进行注册资本变更登记后的资本金变更记录；合作社提取公积金和盈余分配的资本金变更记录。

三 产权安排

1.成员个人产权

农民专业合作社是成员共同出资兴办的经济组织，成员个人权属主要包含以下几个方面：

（1）成员出资属于成员的所有权。农民专业合作社是由农民出资入股组建而成的，合作社中的成员出资属于该出资的成员所有。

（2）盈余分配权。合作社的盈余在提取公积金之后，应按照成员与合

作社的交易量(额)按比例返还给成员。交售农产品多,返还的就多;交售农产品少,返还的就少。一般来说,合作社返还成员的盈余比例,不应少于可分配盈余的60%。

(3)国家扶持资金和社会捐赠资金的收益权。国家扶持和社会捐赠资金应按国家扶持和社会捐赠时的成员人数,平均量化为每个成员的份额,记入成员账户,由合作社统一经营使用,成员对这部分资金享有收益权。但是成员退社和成员资格终止时,由国家财政扶持的资金和社会捐赠形成的财产份额,应当留存在农民专业合作社,并重新平均量化为其他成员的财产份额。合作社成员死亡,其法定继承人可以经章程规定办理入社手续,继承其成员资格,并享有这些资金的收益权。在农民专业合作社解散、破产清算时,由国家财政扶持形成的财产不得作为可分配剩余资产分配给成员,其处置根据国务院规定的办法办理。

(4)公积金的分割受益权。农民专业合作社的公积金及未分配盈余形成的公共积累,在农民专业合作社存续期间,应当根据国家政策、法律的规定或合作社章程的约定,根据成员的出资比例及利用合作社设施、服务的贡献,量化为每个成员所有的份额,记入成员账户。如果农民专业合作社解散,这些盈余的公共积累也应按成员出资入股的比例和成员与合作社产品交易贡献量分割并分配给合作社成员。

2.法人产权

农民专业合作社的法人产权是由出资入股加入合作社的农民所有,由合作社依法占有、使用、处分的具有排除国家、其他组织或合作社以外任何人的权利。

3.产权保护

国家依法保护农民专业合作社及其成员的合法产权,任何单位和个人不得侵犯。农民专业合作社的产权保护实行两个原则,一是法律保护

原则,二是有限责任原则。

(1)法律保护。国家保护农民专业合作社及其成员的合法权益,任何单位和个人不得侵犯。侵占、挪用、截留、私分或者以其他方式侵占农民专业合作社及其成员的合法财产,非法干预农民专业合作社及其成员的生产经营活动,向农民专业合作社及其成员摊派,强迫农民专业合作社及其成员接受有偿服务,造成农民专业合作社经济损失的,依法追究法律责任。

(2)有限责任保护。一般来说,农民专业合作社的产权是和其承担的民事责任联系在一起的,农民专业合作社的产权便是其承担责任的前提。有限责任保护,是指在生产经营过程中,国家对农民专业合作社成员的个人产权和法人产权实行承担有限责任的保护。

①对社员个人产权的有限责任保护就是说农民专业合作社如在对外交易中发生债务,合作社成员只能以以下方式对合作社承担有限责任:成员的出资,合作社存续期间由公积金量化为成员的份额,由社会捐赠资金量化为成员的份额。不能连带成员个人或家庭的其他资产,也就是说,成员个人对合作社不负无限连带责任。

②对法人产权的有限责任保护就是说农民专业合作社如在对外交易中发生债务,只能以成员出资、公积金、国家财政直接补助、他人捐赠以及合法取得的其他资产形成的财产对债务承担有限责任,而不能承担其他无限连带的清偿责任。

4.合并、分立、解散和清算

(1)合并。农民专业合作社合并,须经成员大会决议,自合并决议做出之日起10日内通知债权人。合并各方的债权、债务应当由合并后存续或新设的组织继承。

(2)分立。农民专业合作社分立,其财产做相应的分割,并应当自分立

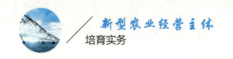

决议做出之日起10日内通知债权人。分立前的债务由分立后的组织承担连带责任。但是,在分立前与债权人就债务清偿达成的书面协议另有约定的除外。

(3)解散。合作社有下列情形之一的,经成员大会决议,报登记机关核准后予以解散:

a.章程规定的解散事由出现;

b.成员大会决议解散;

c.因合并或者分立需要解散;

d.依法被吊销营业执照或者被撤销;

e.因不可抗力因素致使本社无法继续经营。

(4)清算。合作社在解散事由出现之日起15日内由成员大会推举成员组成清算组,开始解散清算。逾期不能组成清算组的,成员、债权人可以向人民法院申请指定成员组成清算组进行清算。

清算组负责处理与清算有关未了结业务,清理本社的财产和债权、债务,制定清偿方案,分配清偿债务的剩余财产,代表本社参与诉讼、仲裁或者其他法律程序,并在清算结束后,向原登记机关办理注销登记。清算组成立起10日内通知成员和债权人,并于60日内在报纸上公告。合作社财产优先支付清算费用后,按下列顺序清偿:①所欠员工的工资及社会保险费用;②所欠税款;③与农民成员已发生交易所欠款项;④所欠债务;⑤归还成员出资;⑥按清算方案分配剩余财产。

清算方案须经成员大会通过或者申请人民法院确认后实施。

本社财产不足以清偿债务时,依法向人民法院申请破产。

▶ 第四节　如何创办示范合作社

示范社建设,可以起到"以点带面"的作用,使更多的专业合作社走向规范化、标准化、现代化,成为现代农业的主力军。

一　民主管理要好

(1)依照《农民专业合作社法》登记设立,在工商行政管理部门登记满2年。有固定的办公场所和独立的银行账号。组织机构代码证、税务登记证齐全。

(2)根据本社实际情况并参照农业农村部《农民专业合作社示范章程》制定章程,建立完善的财务管理制度、财务公开制度、社务公开制度、议事决策记录制度等内部规章制度,并认真执行。

(3)每年至少召开一次成员(代表)大会并有完整会议记录,所有出席成员在会议记录上签名。涉及重大财产处置和重要生产经营活动等事项由成员(代表)大会决议通过,切实做到民主决策。

(4)成员(代表)大会选举和表决实行一人一票制,或一人一票制加附加表决权的办法,其中附加表决权总票数不超过本社成员基本表决权总票数的20%,切实做到民主管理。

(5)按照章程规定或合作社成员(代表)大会决议,建立健全社务监督机构,从本社成员中选举产生监事会成员或执行监事,或由合作社成员直接行使监督权,切实做到民主监督。

(6)根据会计业务需要配备必要的会计人员,设置会计账簿,编制会计报表,或委托有关代理记账机构代理记账、核算。财会人员持有会计从

业资格证书,会计和出纳互不兼任。理事会、监事会成员及其直系亲属不得担任合作社的财会人员。

(7)为每个成员设立成员账户,主要记载该成员的出资额、量化为该成员的公积金份额、该成员与本社的交易情况和盈余返还状况等。提取公积金的合作社,每年按照章程规定将公积金量化为每个成员的份额并记入成员账户。

(8)可分配盈余按照成员与本社的交易量(额)按比例返还,返还总额不低于可分配盈余的 60%。

(9)每年组织编制合作社年度业务报告、盈余分配方案或亏损处理方案、财务状况说明书,并经过监事会(执行监事)或成员直接审核,在成员(代表)大会召开的 15 日前置于办公地点供成员查阅,并接受成员质询。监事会(或执行监事)负责对本社财务进行内部审计,审计结果报成员(代表)大会,或由成员(代表)大会委托审计机构对本社财务进行审计。自觉接受农村经营管理部门对合作社财务会计工作的指导和监督。

二 经营规模要大

(1) 所涉及的主要产业是县级或县级以上行政区域优势主导产业或特色产业。经营规模高于本省同行业农民专业合作社平均水平。

(2)农机专业合作社拥有农机具装备 20 台(套)以上,年提供作业服务面积在 1.5 万亩以上。

三 服务能力要强

(1)入社成员数量高于本省同行业农民专业合作社成员平均水平,其中,种养业专业合作社成员数量在 150 人以上。农民占成员总数的80%以上,企业、事业单位和社会团体成员不超过成员总数的 5%。

（2）成员主要生产资料（初入社自带固定资产除外）统一购买率、主要产品（服务）统一销售（提供）率超过 80%，标准化生产率达到 100%。

（3）主要为成员服务，与非成员交易的比例低于合作社交易总量的 50%。

（4）生产鲜活农产品的农民专业合作社参与"农超对接""农校对接"，或在城镇建立连锁店、直销点、专柜、代销点，实现销售渠道稳定畅通。

四 产品质量要优

（1）生产食用农产品的农民专业合作社所有成员能够按照《农产品质量安全法》和《食品安全法》的规定，建立生产记录制度，完整记录生产全过程，实现产品质量可追溯。

（2）生产食用农产品的农民专业合作社产品要获得无公害产品、绿色食品、有机农产品或有机食品认证。生产食用农产品的农民专业合作社主要产品拥有注册商标。

五 社会反响要好

（1）享有良好社会声誉，无生产（质量）安全事故、行业通报批评、媒体曝光等不良记录。

（2）成员收入高于本县域内同行业非成员农户收入 30% 以上，成为农民增收的重要渠道。

第五章　农业产业化龙头企业

▶ 第一节　概　述

一　内涵

1.农业产业化概念

农业产业化,是指在市场经济条件下,以经济利益为目标,将农产品生产、加工和销售等不同环境的主体联结起来,实行农工商、产供销的一体化、专业化、规模化、商品化经营。

2.农业产业化龙头企业含义

农业产业化龙头企业,是指以农产品生产、加工或流通为主,通过订单合同、合作方式等各种利益联结机制与农户相互联系,带动农户进入市场,实现产供销、贸工农一体化,使农产品生产、加工、销售有机结合、相互促进,具有开拓市场、促进农民增收、带动相关产业等作用,在规模和经营指标方面达到规定标准并经过政府有关部门认定的企业。农业产业化龙头企业包括国家级龙头企业、省级龙头企业、市级龙头企业、规模龙头企业。

农业产业化龙头企业主要是以农产品的深加工为主要基础,在吸引人才、整合技术、融资等多重要素的支撑下,进行具有先进示范带头作用的生产和销售，这里的农业产业化龙头企业不仅仅要具有企业的特质，重要的是要具备较强的辐射带动能力和作用，能够加大力度带动农户的生产、带动农户进入市场、带动市场顺畅流转，进而带动农户提质增产增收，提高农村经济发展速度，推动农业向高质量发展，有利于农业产业和结构调整，推动农业现代化体系的产生，在我国农业产业化"企业+农户+科教+基地"的基本组织结构中占有主导地位。

3.农业产业化龙头企业行业分类

国际上通常将农产品加工业划分为5类，即食品、饮料和烟草加工，纺织、服装和皮革工业，木材和木材产品包括家具制造，纸张和纸产品加工、印刷和出版，橡胶产品加工。

我国在统计上与农产品加工业有关的是12个行业，即食品加工业、食品制造业、饮料制造业、烟草加工业、纺织业、服装及其他纤维制品制造业、皮革毛皮羽绒及其制品业、木材加工及竹藤棕草制品业、家具制造业、造纸及纸制品业、印刷业和橡胶制品业。

二 优势

1.弥补农户分散经营劣势

农业产业化龙头企业弥补了农户分散经营的缺陷，将农户分散经营与社会化大市场有效对接，利用企业优势进行农产品加工和市场营销，增加了农产品的附加值，弥补了农户生产规模小、竞争力有限的不足，延长了农业产业链条，改变了农产品直接进入市场、农产品附加值较低的局面。同时还将技术服务、市场信息和销售渠道带给农户，提高了农产品精深加工水平和科技含量，提高了农产品市场开拓能力，减小了经营风险，提供了生产销售的畅通渠道，通过解决农产品销售问题刺激了种植业和养殖业的发展，提升了农产品竞争力。

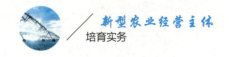
2.适应复杂市场环境

农业产业化龙头企业能够适应复杂多变的市场环境,具有较为雄厚的资金、技术和人才优势。龙头企业改变了传统农业生产自给自足的落后局面,用工业发展理念经营农业,加强了专业分工和市场意识,为农户农业生产的各个环节提供一条龙服务,包括生产技术、金融服务、人才培训、农资服务、品牌宣传等生产性服务,实现了企业与农户之间的利益联结,能够显著提高农业的经济效益,促进农业可持续发展。

3.促进农民增收

农业产业化龙头企业的发展有利于促进农民增收。一方面,龙头企业通过收购农产品直接带动农民增收,企业与农户建立契约关系,成为利益共同体,向农民提供必要的生产技术指导,提高农业生产的标准化水平,促进农产品质量和产量的提升,保证了农民的生产销售收入,同时也增强了我国农产品的国际竞争力,创造了更多的市场需求。另一方面,农业产业化龙头企业的发展创造了大量的劳动就业岗位,释放了农村劳动力,解决了部分农村劳动力的就业问题。

4.提高农业产业化水平

农业产业化龙头企业的发展提高了农业产业化水平,促进了农产品产供销一体化经营,通过技术创新和农产品深加工,提高了资源的利用效率,提高了农产品质量,解决了农产品难卖的问题,改造了传统农业,促进大产业、大基地和大市场的成形,形成从资源开发到高附加值的良性循环,提升了农业产业竞争力,起到了农产品结构调整的示范作用和市场开发的辐射作用,带动农户走向农业现代化。

5.承担社会责任

农业产业化龙头企业是农村的有机组成部分,具有一定的社会责任。龙头企业参与农村村庄规划,配合农村建设,合理规划生产区、技术示范区、生活区、公共设施等区域,并且制定必要的环保标准,推广节能环保的设施。龙头企业培养企业的核心竞争力,增强抗风险能力,在形成完全的公司化管理后,还可以将农民纳入社会保障体系,维护了农村社会的稳定发展。

三 与农户的利益联结机制

农业产业化龙头企业与农户结成利益共同体有以下几种方式:

1.农户以土地使用权入股

农户入股后得到一定的股份分红收益,农民同时可以从事其他劳动或者成为进城务工人员获取相应的劳动报酬,以此增加农民收入,龙头企业也从中获利。

2.农民直接以资金形式入股

农民以自有资金入股企业,获得企业股权,享受相应收益。农民的自有资金来自从事农业生产的收入、进城务工的劳动报酬或其他渠道。

3.农户以农业机械设备入股

小农户的农业机械设备会因为自己种植面积过小而难以发挥优势,设备利用率无法保障,但是机械设备适合大面积的农业耕种,农户以农业机械入股企业后可以避免机械设备的资源浪费,农民也因为入股增加了收入。

4.农民以农业工人的形式入股

农民和龙头企业通过签订相关协议、合同,农民成为龙头企业员工,企业为员工发放工资。农民可以获得工资性收入和土地使用权收益,企业可以因为规模效应而获得更多利润,农民和企业实现双赢。

5.农民以科技知识形式入股

具有特殊农业种植、养殖知识的农民可以以知识产权的形式入股龙

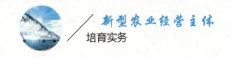

头企业。

6.签署合作协议

农户按照自己原来的生产模式生产，但是生产之前与农业产业化龙头企业签署合作协议,农户的农业生产和经营销售按照签订的协议执行。

四）制约农业产业化龙头企业发展的因素

1.产业结构单一、加工程度低、产业链条短

目前我国农业产业化龙头企业主要以种养殖业为主，占全国农业产业化龙头企业数量的 50%。加工业龙头企业比例约为 40%,其他流通业、休闲农业、生产性服务业和电商等龙头企业数量占比不足 10%。虽然中国种养殖业龙头企业数量众多,但生产的农副产品相似程度高、缺乏特色农业产业,这也导致其大路产品与原料型产品多。加工业龙头企业数量少,导致中国大多数农副产品处于初加工、粗加工水平,加工工艺科技含量低,缺乏专用产品和深加工产品。此外,中国流通类龙头企业和生产性服务业龙头企业数量尤为稀少,不利于促进资源要素的集聚,难以推动形成农业长产业链,无法使农产品向精深加工领域发展。

2.数量规模大但经济效益低

无论是数量上还是规模上，我国农业产业化龙头企业都实现了巨大突破,但企业净利润却处于较低水平,较低的利润水平将严重阻碍我国农业产业化龙头企业的发展,同时,也打击了农业产业化龙头企业管理者的经营积极性,也不利于吸引高级管理人才参与农业企业生产经营。

3.研发投入程度低、品牌认证少

我国农业产业化龙头企业研发投入较低，这对于推动我国农业产业化进程,增加农业企业科技创新能力,发展高科技农业产业十分不利。此外,我国农业产业化龙头企业平均获得"绿色食品、有机农产品和农产品

地理标志"认证的产品数量仅为 1.2 个,超过 17 个省份的农业产业化龙头企业平均获得"绿色食品、有机农产品和农产品地理标志"认证的产品数量不足 1 个。

4.经营管理滞后

目前,我国农业产业化龙头企业主要以民营及控股企业为主,其占比在 80%以上。然而,民营农业产业化龙头企业采取的管理方式主要为家族式管理或家长式管理,企业经营管理团队大部分由企业所有人的亲戚、同学和老乡等组成,导致企业在管理方法、管理效率上存在明显不足,制约企业发展。同时也限制人才流动,企业优秀员工无法进入管理层,打击非家族成员员工的积极性,难以形成科学健康的企业文化。此外,我国农业产业化龙头企业管理者也缺乏营销宣传手段,其市场营销组织、团队结构处于不健全的状态,难以根据市场需要生产相符合的农副产品和制定相对应的营销战略。

五 发展定位

农业产业化龙头企业的特殊属性及兴起背景决定了其在发展中要有一个清晰明确的定位。农业产业化龙头企业在实际运作中既要以企业的组织形式存在、按照企业的生产经营方式运作,又要履行政府赋予其的责任。即农业产业化龙头企业在谋求自我发展的同时,要同时兼顾自身在农业、农村与农民问题以及环境保护和食品安全等方面的社会责任,要综合发挥它的经营影响力和社会影响力,在发展过程中不但要追求资本的保值增值和经营利润的最大化,而且还要把自我发展融入到整个农业、农村发展的大局中,充分重视政府、社会、农民的利益。

1.提高创新发展能力

以国家农业科技创新联盟、国家现代农业产业科技创新中心、国家现

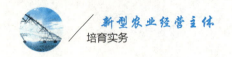

代农业产业技术体系、国家农产品加工技术研发体系等为抓手,打造"政产学研用"优势资源集聚融合的平台载体,为龙头企业创新发展提供技术支撑。支持构建龙头企业牵头、高校院所支撑、各创新主体相互协同的体系化、组织化、任务型的创新联合体。支持科技领军型龙头企业参与关键核心技术攻关,承担国家重大科技项目,参与跨领域、大协作、高强度的创新基地与平台建设。支持龙头企业会同科研机构、装备制造企业,开展共性技术和工艺设备联合攻关,提高乡村产业发展技术水平和物质装备水平。引导种业龙头企业加大种质资源保护和开发利用力度,增强重点种源关键核心技术和农业生物育种技术研发能力,建立健全商业化育种体系,培育新品种、新品系。

2.提高数字化发展能力

鼓励龙头企业应用数字技术,整合产业链上中下游的信息资源,打造产业互联网等生产性服务共享平台,带动上中下游各类主体协同发展,实现产业链整体转型提升。引导有条件的龙头企业建设乡村产业数字中心,加强对生产、加工、流通和服务等全链条的数字化改造,提高乡村产业全链条信息化、智能化水平。鼓励龙头企业应用区块链技术,加强产品溯源体系建设;采用大数据、云计算等技术,发展智慧农业,建立健全智能化、网络化的农业生产经营服务体系,为银行、保险等金融机构服务乡村产业提供信用支撑。

3.提高绿色发展能力

引导龙头企业围绕碳达峰、碳中和目标,研究应用减排减损技术和节能装备,开展减排、减损、固碳、能源替代等示范,打造一批零碳示范样板。畜禽粪污资源化,利用整县推进、农村沼气工程、生态循环农业等项目,将龙头企业作为重要实施主体,实现大型养殖龙头企业畜禽粪污处理全覆盖。引导龙头企业强化生物、信息等技术集成应用,发展精细加

工,推进深度开发,提升加工副产物综合利用水平。鼓励龙头企业开展农业自愿减排减损。

4.提高品牌发展能力

引导龙头企业立足地方优势,发展特色产业,推动区域公用品牌建设。鼓励龙头企业将特色产业与生态涵养、文化传承相结合,发扬"工匠精神",打造企业知名品牌。支持龙头企业按照高标准高质量要求,加强顶层设计,提高产品附加值和综合效益,打造一批具有国内、国际影响力的产品品牌。发挥产业联盟、相关行业协会作用,鼓励开展行业规范、技术服务、市场推广、品牌培训等服务。

5.提高融合发展能力

鼓励龙头企业发挥自身优势,推动各类资源要素跨界融合、集成集约,形成特色鲜明、丰富多样、一二三产业融合发展的农业全产业链。引导龙头企业立足资源特色,因地制宜发展乡村新型服务业、乡村制造业、乡村休闲旅游业等,贯通产加销服,融合农食文旅教,拓展农业多种功能,提高产业增值增效空间。鼓励龙头企业完善配送及综合服务网络,在大中城市郊区发展工厂化、立体化、园艺化农业,推广"生鲜电商+冷链宅配""中央厨房+食材冷链配送"等新模式,提高鲜活农产品供应保障能力。

▶ 第二节　规划与政策

一 规划

1.做强一批具有国际影响力的头部龙头企业

围绕"国之大者",在粮棉油糖、肉蛋奶、种业等关系国计民生的重要

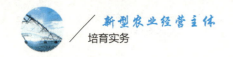
行业,引导一批经济规模大、市场竞争力强的大型龙头企业,采取兼并重组、股份合作、资产转让等方式,组建大型企业集团,培育一批头部企业,在引领农业农村现代化发展方向、保障国家粮食安全和重要农产品有效供给中发挥关键作用。引导头部龙头企业统筹利用国内国际两个市场、两种资源,在全球农业重要领域布局育种研发、加工转化、仓储物流、港口码头等设施,融入全球农产品供应链,提高对关键行业的产能、技术掌控能力。引导头部龙头企业发挥人才优势、技术优势和创新优势,引领行业发展方向,解决关键共性问题,培育全产业链优势。

2.做优一批引领行业发展的"链主"龙头企业

在肉蛋奶、果蔬茶以及满足消费者多样需求的特色农产品领域,引导一批产业链条长、行业影响力大的龙头企业,顺应产业发展规律,发挥"链主"型龙头企业引领行业集聚发展、带动产业转型升级的作用,立足当地特色,整合行业资源,制定行业标准,打造具有区域特色、适应新型消费的乡村产业集群。支持"链主"龙头企业整合创新链、优化供应链、提升价值链、畅通资金链,提高行业全产业链组织化水平、供应链现代化水平。

3.做强一批具有自主创新能力的科技领军型龙头企业

引导一批集成创新实力强、行业带动能力强、市场开拓力强的农业科技领军型龙头企业,发挥其在满足市场需求、集成创新、组织平台方面的优势,拓展农业产业共性关键技术研发、科技成果转化及产业化、科技资源共享服务等能力,增强龙头企业创新动力。发挥企业在联合攻关中的出题者的作用,加大龙头企业对技术研发方向、路线选择、要素价格、各类创新要素配置的导向作用,鼓励和引导龙头企业加大自有资金投资研发力度,推动企业成为技术创新决策、研发投入、科研组织和成果转化的主体,提升龙头企业创新主体地位。

4.做大一批联农带农紧密的区域型龙头企业

在粮食生产功能区、重要农产品生产保护区、特色农产品优势区和脱贫地区,引导一批与农户、家庭农场、农民合作社、农村集体经济组织联结紧密、带动辐射效果好的龙头企业,根据行业特性和产品特点,探索建立农业产业化联合体等带动农户发展的不同联结模式,形成机制灵活、形式多样、各具特色的联农带农典型。发挥区域型龙头企业带动农民增收致富、带动乡村经济发展的作用,成为"万企兴万村"的标兵和表率。

二 政策

总体来看,国家对农业产业化龙头企业的扶持政策主要体现在税收优惠、金融政策、财政补贴政策、财政专项扶持资金四个方面。不仅中央一级对农业产业化国家重点龙头企业制定了减免优惠政策,具体到各省市县,也纷纷比照中央政策出台了许多类似政策措施。

1.税收优惠

税收优惠是税收制度和税收政策的一个组成部分,虽然与财政援助在表面上看并不一样,但是在本质上都属于财政政策的范畴。在对农业产业化龙头企业的政策扶持上,税收优惠是重要手段之一,有利于龙头企业资金的积累和成长,对企业经营产生着较大影响。

符合下列条件的重点龙头企业,暂免征收企业所得税:

(1)经过全国农业产业化联席会议审查认定为重点龙头企业。

(2)生产经营期间符合《农业产业化国家重点龙头企业认定及运行监测管理暂行办法》的规定。

(3)从事种植业、养殖业和农林产品初加工,并与其他业务分别核算。

重点龙头企业所属的控股子公司,其直接控股比例超过50%(不含50%)的,且控股子公司符合上述规定的可享受重点龙头企业的税收优惠

政策。

2.金融政策

农业发展银行、进出口银行等政策性金融机构要加强信贷结构调整，加大对龙头企业固定资产投资、农产品收购的支持力度。鼓励农业银行等商业性金融机构根据龙头企业生产经营的特点合理确定贷款期限、利率和偿还方式，扩大有效担保物范围，积极创新金融产品和服务方式，有效满足龙头企业的资金需求。大力发展基于订单农业的信贷、保险产品和服务创新。鼓励融资性担保机构积极为龙头企业提供担保服务，缓解龙头企业融资难问题。中小企业信用担保资金要将中小型龙头企业纳入重点支持范围。全面清理取消涉及龙头企业的不合理收费项目，切实减轻企业负担，优化发展环境。

3.财政补贴政策

政府的财政补贴不但可以改变需求和供给结构，而且还能够将外部效应内在化，是一种重要的调节手段。当前，政府对农业产业化龙头企业的财政补贴扶持主要包括财政贴息贷款、税前还贷、出口创汇贴息等三种手段。

4.财政专项扶持资金

财政专项扶持资金是政府对农业产业化龙头企业的一种最直接的援助。自2002年以来，中央和地方政府每年都会拿出一定的专项资金来扶持农业产业化发展，其中就有针对农业产业化龙头企业的财政专项扶持资金。

▶ 第三节 经营管理

 融资

1.融资方式

（1）内源性融资。内源性融资属于企业的权益性融资，是龙头企业生产经营产生的资金，是内部融通的资金，主要由留存收益和折旧构成，构成企业的自有资金，是一个将自己的储蓄转化为投资的过程。

（2）外源性融资。外源性融资属于债务性融资，债务性融资构成负债，债权人不参与龙头企业的经营决策，龙头企业按期偿还约定的本息。外源性融资方式包括银行贷款、发行股票、企业债券等，通过吸收其他经济主体的储蓄，转化为自己的投资。

（3）其他融资。国家对农业及农业相关产业大力扶持，国家各级政府出台了不少政策扶持农业龙头企业的发展，比如直接拨款、对龙头企业进行贷款贴息、出资为龙头企业组建信贷担保公司、提供税收优惠等。

2.融资问题

（1）意识比较薄弱。大多数龙头企业的经营规模较小，处于成长期，生产经营的大多是初级农产品，产品科技含量较低。农业企业生产周期较长，资金周转缓慢，具有较强的季节性，投入产出效率低，经营风险较大。因此，农业龙头企业的融资意识普遍较低，还没有意识到内源性融资对企业的重要意义，内部利润分配存在短期化倾向。企业也缺乏积极争取融资的意识，导致外源性融资不足。

（2）方式比较单一。龙头企业的融资方式大多停留在常规性的融资方

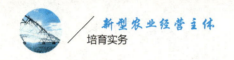

式上,内源性融资主要是将未分配利润、公积金等作为进一步融资;外源性融资大多选择传统的银行或信用社贷款,农村资金互助组织融资、贷款公司融资等方式很少。

(3)担保不够完善。信用担保存在担保贷款发放主体少、担保面窄、担保贷款资金额度有限、担保存在风险等问题。

二 品牌管理

1.树立正确品牌经营理念

品牌作为产品的"代言人",以其简洁直接的描述将生产者及产品的信息传递给消费者,方便消费者选购,它综合了产品质量、性能、技术以及服务等多个因素。有了品牌,消费者就可以认牌购买。

2.细分市场,品牌定位

我国农产品营销一直实行的是无差异性营销,农户生产单一的农产品去满足整体市场上所有消费者的需求,而没有认识到消费者对农产品的需求也存在着差异性。农业生产应把整体分成若干个细分市场,实行差异化营销。竞争越激烈,市场细分得越多,对消费者需求的把握程度就越高,品牌的竞争优势就越强。在市场细分的基础上,农产品应和当地文化结合起来,赋予品牌更多的文化内涵。

三 信息化建设

遵循"局部先行"的原则,以最需要进行信息化建设的环节和业务为突破口,不断研发和利用信息技术与资源,提高农业企业的市场应对能力和企业效益。农业产业化龙头企业在坚持信息化战略的过程中,要做到以下三个方面:首先,提高对农业产业化龙头企业信息化的认识,有机结合机制创新、技术创新、管理创新和体制创新等活动;其次,加速制定并出台农业产业化龙头企业信息化政策法规框架体系,为其实施信息化战略创造良好、宽松的外部环境;最后,考虑资本、技术、信息等经济要素和其他非经济要素,构建有效的激励、约束机制,充分调动员工的积极性。充分利用企业外部的信息网络,统计和分析农产品交易数据和价格趋势,根据信息资源制订自身发展计划。

四 实施联盟战略

在经济全球化的背景之下,企业之间已经从原来单纯的对立竞争关系调整为合作竞争,战略联盟作为合作竞争的主要方式应该受到企业的重视。农业产业化龙头企业需要在产品研发、质量控制、技术创新、市场开拓等方面与其他企业开展合作,打造共赢的局面。一方面,龙头企业可以与国内大的销售网络甚至跨国公司形成战略联盟,并借此拓展企业规模,适应国内外市场;另一方面,可以和农业行业协会结成联盟,获得整个行业的相关信息,与时俱进;再者,还可以与权威科研机构实现战略联盟,借助科研机构的先进技术和研发成果,申请相应产品的专利,实现个性化生产。

五 可持续发展

以可持续发展战略为指导,立足于农业与农村经济和社会全面、持续发展的目标,在扩大市场份额和获取利润的同时,适应外界环境的变化,合理地优化和配置资源,实现企业的可持续发展。对于少数的现代化程度高的农业产业化龙头企业,其丰厚的资金和高新技术使得可持续发展不再是口号,可持续发展战略是维持企业长期高速发展的稳定器。

（六）人才培养

农业产业化龙头企业要在人力资源管理方面狠下功夫，形成有利于人才发展的环境，推动企业内部的内生动力，吸引社会优秀人才。

第一，加强员工培训，完善晋升激励机制。农业企业的从业人员普遍都是农民，农民的基础技术和接受能力都相对较低，应加强农民的职业培训，强化农民的素质技能。企业员工技能水平对企业的发展具有重大影响，培育适应时代潮流的农民显得尤为重要。加大人员培训力度，在员工培训方面给予更多资金投入，增加培训频率，提升农民的岗位技能和职业素质是企业的必然要求。在培训中改变基层农民的传统种植养殖观念，学习先进的生产技术，让一线工作者成为完善和健全农业生产体系的参与者和贡献者，将基层农民培养成符合时代发展的现代化农民。建立员工纵向发展机制，执行优秀人才选拔制度，建立企业内部员工晋升激励机制，给予专业能力较强、综合素质突出的员工一定的晋升机会，对做出突出贡献、创新创造能力较强的员工优先考虑加薪升职，激起员工的工作热情，为企业选拔出一批高层次的技术人才和管理人才。

第二，加大高精尖技术人才引进力度。农业产业化龙头企业可以通过线上线下相结合的方式开展人才引智方案，招揽专业能力强的人才。完善人才引进机制，落实人才补贴机制。企业自身也可以通过高校和科研平台建立完善的人才引进制度，实现产学研有机统一，促进农业产业化科研成果的转化。吸引人才仅仅是开始，让落户人才有获得感和幸福感尤为重要，要解决人才的后顾之忧，形成长效的人才治理机制，提高人才积极性，健全政策体系，提供政策保障，让农业产业化龙头企业的优秀员工走进来，留得住。

▶ 第四节　如何创办国家级农业龙头企业

一　申报企业标准

根据《农业产业化国家重点龙头企业认定和运行监测管理办法》，申报企业应符合以下基本标准：

1.企业组织形式

依法设立的以农产品生产、加工或流通为主业、具有独立法人资格的企业，包括依照《公司法》设立的公司，其他形式的国有、集体、私营企业以及中外合资经营、中外合作经营、外商独资企业，直接在工商管理部门注册登记的农产品专业批发市场等。

2.企业经营的产品

企业中农产品生产、加工、流通的销售收入（交易额）占总销售收入（总交易额）的70%以上。

3.生产、加工、流通企业规模

总资产规模：东部地区1.5亿元以上，中部地区1亿元以上，西部地区500万元以上。固定资产规模：东部地区5 000万元以上，中部地区3 000万元以上，西部地区2 000万元以上。年销售收入：东部地区2亿元以上，中部地区1.3亿元以上，西部地区6 000万元以上。

4.农产品专业批发市场年交易规模

东部地区15亿元以上，中部地区10亿元以上，西部地区8亿元以上。

5.企业效益

企业的总资产报酬率应高于现行一年期银行贷款基准利率;企业应不欠工资、不欠社会保险金、不欠折旧,无涉税违法行为,产销率在93%以上。

6.企业负债与信用

企业资产负债率一般应低于60%;有银行贷款的企业,近两年内不得有不良信用记录。

7.企业带动能力

鼓励龙头企业通过农民合作社、专业大户直接带动农户。通过建立合同、合作、股份合作等利益联结方式带动农户的数量一般应达到:东部地区4 000户以上,中部地区3 500户以上,西部地区1 500户以上。

企业从事农产品生产、加工、流通过程中,通过合同、合作和股份合作方式从农民、合作社或自建基地直接采购的原料或购进的货物占所需原料量或所销售货物量的70%以上。

8.企业产品竞争力

在同行业中企业的产品质量、产品科技含量、新产品开发能力处于领先水平,企业有注册商标和品牌。产品符合国家产业政策、环保政策,并获得相关质量管理标准体系认证,近两年内没有发生产品质量安全事件。

9.申报企业原则上应是农业产业化省级重点龙头企业

鼓励具有自主知识产权、科技创新能力强、资源优势明显、产业增值效益大、自觉履行社会责任并紧密带动农户的农业企业申报国家重点龙头企业。鼓励促进农村一二三产业融合发展、推进农业供给侧结构性改革、参与乡村振兴以及发展农业产业化联合体、创建农业产业化示范基地的农业企业申报国家重点龙头企业。对申报前2年销售收入增长都不低于30%,以及与建档立卡贫困户建立稳定农产品产销关系或者帮扶关

系的农业企业优先支持申报。

二 企业申报材料

(1)企业的资产和效益情况须经有资质的会计师事务所审定。

(2)企业的资信情况须由其开户银行提供证明。

(3)企业的带动能力和利益联结关系情况须由县以上农经部门提供说明。应将企业带动农户情况进行公示,接受社会监督。

(4)企业的纳税情况须由企业所在地税务部门出具企业近3年内纳税情况证明。

(5)企业质量安全情况须由所在地农业部门提供书面证明。

三 申报程序

(1)申报企业直接向企业所在地的省(自治区、直辖市)农业产业化工作主管部门提出申请。

(2)各省(自治区、直辖市)农业产业化工作主管部门对企业所报材料的真实性进行审核。

(3)各省(自治区、直辖市)农业产业化工作主管部门应充分征求农业、发改、财政、商务、人民银行、税务、证券监管、供销合作社等部门及有关商业银行对申报企业的意见,形成会议纪要,并经省(自治区、直辖市)人民政府同意,按规定正式行文向农业农村部农业产业化办公室推荐,并附审核意见和相关材料。

四 认定程序

由农业经济、农产品加工、种植养殖、企业管理、财务审计、有关行业协会、研究单位等方面的专家组成国家重点龙头企业认定、监测工作专

家库。

在国家重点龙头企业认定监测期间，从专家库中随机抽取一定比例的专家组建专家组，负责对各地推荐的企业进行评审，对已认定的国家重点龙头企业进行监测评估。专家库成员名单、国家重点龙头企业认定和运行监测工作方案，由农业农村部农业产业化办公室向全国农业产业化联席会议成员单位提出。

国家重点龙头企业认定程序和办法如下：

（1）专家组根据各省（自治区、直辖市）农业产业化工作主管部门上报的企业有关材料，按照国家重点龙头企业认定办法进行评审，提出评审意见。

（2）农业农村部农业产业化办公室汇总专家组评审意见，报全国农业产业化联席会议审定。

（3）全国农业产业化联席会议审定并经公示无异议的企业，认定为国家重点龙头企业，由八个部门联合发文公布名单，并颁发证书。

经认定公布的国家重点龙头企业，享受有关优惠政策。国家重点龙头企业所属的控股子公司，其直接控股比例超过50%（不含50%），且控股子公司以农产品生产、加工或流通为主业的，可享受国家重点龙头企业的有关优惠政策。

（五）运行监测

对国家重点龙头企业实行动态管理，建立竞争淘汰机制，做到有出有进、等额递补。建立国家重点龙头企业动态监测管理制度，每两年进行一次监测评估。国家重点龙头企业应按要求正确、及时报送企业生产经营、带动农户等情况，为企业的进出提供依据，为有关政策的制定提供参考。

全国农业产业化联席会议加强对国家重点龙头企业经济运行情况的

跟踪调查,采取定期统计、情况调度、实地考察、随机抽查、重点督查等方式,及时了解企业基地建设、生产加工、市场销售、带农增收、质量安全等方面情况,帮助国家重点龙头企业解决发展中遇到的突出困难,完善相关扶持政策。

监测评估的具体办法是:

(1)企业报送材料。国家重点龙头企业按照农业农村部的要求报送企业经济运行情况,作为监测评估的重要依据。在监测年份,除报送企业经济运行情况表和年度发展报告外,还需报送经有资质的会计师事务所审定的企业资产和效益情况,企业的资信证明、纳税情况证明、质量安全情况证明,县以上农村经营管理部门提供的企业带动农户情况、社会责任履行情况说明,应享受优惠政策的落实情况,等等。

(2)省级材料汇总与核查。各省(自治区、直辖市)农业产业化主管部门对所辖国家重点龙头企业所报材料进行汇总、核查。核查无误后,报农业农村部。

(3)专家评审。专家组根据企业报送的材料,按照本办法进行评审,提出评审意见。

(4)监测结果审定。根据专家组的评审意见,农业农村部农业产业化办公室对国家重点龙头企业的运行状况进行分析,完成监测报告并提交全国农业产业化联席会议审定。

(5)对因违法违规发生重大质量安全事故、上市违规操作、存在坑农害农等违法违规行为,或被公布为重大税收违法案件当事人的,取消其国家重点龙头企业资格。

监测合格的国家重点龙头企业,继续保留资格,享受有关优惠政策;监测不合格的,取消其国家重点龙头企业资格,不再享受有关优惠政策。农业农村部以适当形式向社会公布监测结果。

第六章 经营性农业社会化服务组织

▶ 第一节 概　述

一 经营性农业服务组织的含义

经营性农业服务组织指在农业生产经营活动的产前、产中和产后的各环节提供专业化、市场化服务的各类经济组织，这些专业性服务公司、专业化服务队、农民经纪人等已成为我国农业农村发展中不可缺少的重要力量。它们为各类农业经营主体提供农机作业、病虫害防治技术、种养殖技术、农产品销售技术以及储藏运输等服务，解决了多数经营主体想办却无力办、能办但办不好的问题，显著地降低了经营主体的生产成本，有效地提高了经营主体的资源要素利用效率。经营性农业服务组织以服务"三农"为宗旨，以推进我国农业供给侧结构性改革为主线，以提供多途径、多层次、多类型的农业生产性服务为手段，以带动经营主体的发展、全面推进现代农业建设为最终目的，成为我国新型农业经营主体中具有独特功能、无法替代的重要组成部分。

二 农业社会化服务组织的类型

根据供给主体、服务性质、服务内容、农户需求的不同，可以将新型农业社会化服务组织区分为以下几类：

1.根据供给主体分类

一是依托政府涉农部门形成的农业社会化服务组织，二是农口以外部门形成的农业社会化服务组织，三是在村集体基础上形成的农业社会化服务组织，四是在农民专业合作社基础上发展起来的农业社会化服务组织，五是为龙头企业提供配套服务的农业社会化服务组织，六是不同民间服务主体形成的农业社会化服务组织，七是为农村金融机构提供专门性服务的社会化服务组织。

2.根据服务性质分类

新型农业社会化服务体系必然具有公益性服务主体与经营性服务主体相结合的特征。政府失灵的地方，用经营性服务来补充；市场失灵的地方，用公益性服务来补充。此外，由于一些经营性服务也得到了政府相关部门的公益性支持，所以具有半经营半公益的性质，如农民专业合作社提供的农业社会化服务。

3.根据服务内容分类

从供给方来看，不同的农业社会化服务供给主体所提供的农业服务内容有所不同。就种植业而言：政府起着较大作用的服务项目是提供水利设施服务；村集体是提供水利设施服务、灌溉服务；合作组织是提供农产品储存、打药技术指导服务；龙头企业是提供收购与销售服务，加工、包装和运输服务。

4.从农户需求进行分类

农户对综合性社会化服务需求率从高到低的顺序分别为技术信息、价格信息、政策法律信息、信用等级证明、贷款担保、介绍贷款渠道、组织集体贷款和组织外出打工。农户对种植业单项社会化服务需求的顺序分别为购买化肥、购买良种、购买农药、灌溉服务、收购与销售服务、水利设

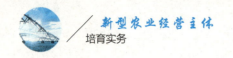

施提供服务、购买农机、机耕服务、播种服务、打药的技术指导服务、施肥服务、租用农机、大宗农作物收割服务、农作物采摘服务、大宗农作物脱粒服务、农机修理、运输、农产品包装服务、农产品储存服务、农产品加工服务。农户对养殖业单项社会化服务需求顺序分别为畜禽防疫、畜禽治病、畜禽销售、饲养技术、优良种畜禽提供、饲料供应服务、屠宰服务、畜禽产品运输和加工服务。

（三）农业社会化服务体系主体

农业社会化服务体系依托龙头企业、农民专业合作组织、科研院校、推广机构、村级乡土人才和农村金融机构六大服务主体，形成了农机、农资、农业用水、动植物疫病防控、农业科技、农业信息化、农产品流通、农产品质量安全监管、农村金融保险九大服务体系。

九大服务体系的主体可以分为三种类型：公共服务、准公益性服务和经营性服务。其中，公共服务主体由农机、水产、种植、畜牧兽医行业的市、县、乡镇三级公益性推广机构组成；准公益性服务主体包括农民专业合作组织、农村乡土人才队伍、农村就业服务岗位和农资农机社会化服务组织四类；经营性服务主体包括流通服务企业和批发市场、生产加工企业，以及农村金融服务组织。

（四）农业社会化服务体系的特征

1.更加多元化的服务主体

新型的公益服务性主体不仅可以为农业提供农业用水、咨询、气象等服务，而且可以提供农业人才和与之对应的农业技术培养与教授。各种不同的服务主体相互协调、相互补充，在竞争中保持良好的秩序。

2.更加多元化的服务产业

服务产业不仅仅局限于传统的农林牧渔产业,也包括互联网、观光休闲、农产品电商等新产业、新业态。不仅仅为农业的产品生产过程服务,而且为农民的生活服务。产业服务的范围也越来越广,从服务于农业生产领域到农业全产业链,再到服务于农民生产生活的方方面面,服务链不断拓宽延长,使新阶段农业农村的发展呈现出更具动力、更富活力、更有保障的新面貌。

3.更加多元化的服务方式

以种植业生产为例,有提供从种到收的全过程服务,也有聚焦某一个环节或几个环节的服务,服务环节多元。而由于农业信息化、数字化水平的提高,服务内容随之不断丰富,商品服务、信息服务、技术服务不断完善创新,服务方式由线下服务拓展到线上、线下相结合,大大提升了服务效率与精准度。此外,委托方式、验收方式也不断表现出多元特征。

4.更加多元化的服务对象

接受服务的对象分化明显,既有各种各样从事农业生产经营包括企业、合作社、家庭农场等新主体,也有近年来进入农业各产业、各领域的新农人。当然,数以亿计的普通农户在生产经营过程中更是可以享受到无处不在的社会化服务带来的好处。

5.更加系统化的服务内容

农业经营主体对相关服务的需求由简单的单一服务变为贯穿农业生产的全过程服务,也对服务组织提出了更加多样化的服务要求。为了迎合农业服务需求的转变,新型农业社会化服务体系有着更加完整的服务内容,既有全程提供的托管式的保姆服务,又能针对某一环节设计出更有针对性的定制服务,从而满足各种经营主体的多样化需求。

五 发展定位

要深化认识新时代农业社会化服务体系的战略定位。当前,随着农村改革深化和乡村振兴战略实施,农业社会化服务体系的内涵和外延发生了深刻变化。农业社会化服务体系的战略定位明显提升。

一是农业社会化服务体系是解决"谁来种地""谁来推进乡村振兴"的重大战略性举措。

二是农业社会化服务体系是促进小农户与现代农业有机衔接的重要载体。

三是农业社会化服务体系是促进城市要素向农业农村优化配置、城乡融合发展的桥梁纽带。

四是农业社会化服务体系是新型农业经营主体的重要组成部分。

五是农业社会化服务体系是应对农村人口老龄化程度高、农村青壮年劳动力大规模转移、农业劳动力老龄化加重对农业发展影响的有效措施。

六是农业社会化服务体系是推进农村基层社会治理的重要力量。

六 农民社会化服务组织的组建与认定

农业社会化服务示范主体创建,除要求符合基本条件外,重点围绕提升服务装备、增强服务能力、完善服务方式、提高服务质量等方面来开展,突出服务成效。具体创建内容和标准如下:

1.基本条件

(1)服务组织依法注册登记,有固定的办公场所,拥有必要的资产设备等。

(2)组织章程制度健全,内部管理规范。

（3）无农产品质量安全事故和安全生产事故,无涉农服务纠纷。

2.服务装备

（1）拥有与服务规模相适应的大中型农机具。其中,为大宗农作物生产服务的,应配置大中型拖拉机、联合收割机、插秧机、深松机械、旋耕播种施肥镇压复式作业机械、秸秆还田机械、植保机械等40台（套）以上。

（2）拥有与服务规模相适应的配套设施。其中,为大宗农作物生产服务的,应具备烘干、仓储、农机库房以及土壤检测、农产品质量检测等仪器设备。

3.服务能力

（1）具有较大的服务规模。其中,为大宗农作物生产服务的,直接服务面积在 2 000 亩（1 亩约等于 666.7 平方米）以上,或服务农户 200 户以上。

（2）为生产经营主体提供系列化、全程化服务。其中,服务大宗农作物生产的,服务范围应覆盖耕种管收等全生产环节。

（3）按照生产经营主体要求,拓展服务内容,提供产前、产中、产后全产业链服务。

4.服务方式和规范

（1）积极推行托管式、订单式等服务方式。其中,为大宗农作物生产服务的,全程托管服务面积应占总服务面积的 60%以上。

（2）开展与生产经营主体的联合与合作,通过要素和利益联结,提高服务的一体化水平。

（3）执行规范化服务合同示范文本,与服务对象签订服务合同,签约率达 100%。

（4）制定符合绿色增效要求的服务技术标准,建立完善的服务操作规程,分类建立服务台账和档案。

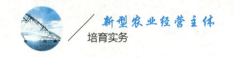
5.服务成效

(1)服务对象满意在达90%以上。

(2)服务对象的生产水平居所在县(市、区)前列。其中,大宗农作物亩产高于全县平均水平10%以上,服务农户户均收入高于全县平均水平20%以上。

第二节 规划与政策

一 规划

2021年出台的《关于加快发展农业社会化服务的指导意见》对农业社会化服务的发展提出了明确的规划,具体可以表述为五个方面20个字:多元主体、拓展领域、创新机制、强化指导、完善政策。

1.多元主体

农业产前、产中、产后领域需要多种服务。专业公司、农民合作社、供销合作社、农村集体经济组织、服务专业户等各类服务主体,在不同的领域各具优势、各有所长,需要互相协作、相互补充。

农民专业合作社和专业化服务组织是社会化服务的骨干力量,重点是提供专业化、规模化服务,需要不断增强服务能力,拓展服务半径。我国农户规模大多比较小,公司跟小农户打交道成本比较高。农民自己组织起来,成立专业合作社,进行自我服务或者与公司进行对接可以大大节约组织成本。

专业化服务组织是社会化服务的引领力量。各类专业组织进入农业领域,把新的品种、新的技术、新的管理、新的理念带进来,推动品种培优、品质提升和品牌打造,加快农业质量和效益的提升。

农村集体经济组织是社会化服务的重要力量,在组织小农户方面具有独特优势,应在农户和各类服务主体间发挥居间服务的作用。

专业服务户是社会化服务的重要补充力量,更贴近小农户,可以更好地满足小农户个性化服务需求。供销、农垦、邮政是自上而下的系统,在整合资源、强化协同协作方面具有优势,未来需要完善服务机制,增强为农服务能力。

各类服务主体应加强联合合作,融合发展。与此同时,未来要推动服务主体与银行、保险、邮政等机构深度合作,实现优势互补、互利共赢。

2.拓展服务领域

当前我国农业社会化服务主要集中在大宗作物,尤其在粮棉油领域比较多,在平原地区发展比较快,更多聚焦在产中环节,但是产前、产后的服务发展不足。《关于加快发展农业社会化服务的指导意见》提出,要拓展农业社会化服务领域,从粮棉油糖等大宗农作物向果菜茶等经济作物拓展,从种植业向养殖业等领域推进,从产中环节向产后延伸,从平原区域向丘陵山区拓展。

3.创新服务机制

服务机制创新主要体现在四个方面:

一是发展单环节、多环节、全程生产托管、全链条服务、技术集成解决方案等多种服务模式,有效满足多样化的服务需求。

二是各类主体合作开展服务,如"服务主体+农村集体经济组织+农户""服务主体+各类新型经营主体+农户",各主体发挥各自优势,形成服务联合体。

三是各类资源整合,形成服务平台、服务中心的模式。围绕农业全产业链,提供集农资供应、技术集成、农机作业、仓储物流、农产品营销等服

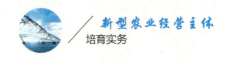

务于一体的农业生产经营综合解决方案，实现更大范围的服务资源整合，促进资源集约、节约和高效利用。

四是信息技术加快应用，推动线下线上服务一体化，互联网+服务模式，线上线下一站式便捷服务。

4.强化行业指导

行业指导是实现行业健康持续发展的保障。未来行业指导主要体现在健全标准体系和规范市场竞争两个方面。鉴于各地资源禀赋、产业特性都有很大差距，可以以县为基础，完善服务标准和服务规范，强化服务指导和评估。在规范市场竞争方面，可以建立服务主体名录库，完善服务主体信用记录，推动形成良性竞争。与此同时，提高服务主体的组织化水平也是促进农业服务行业规范发展的重要举措。应鼓励发展区域性农业服务行业协会、行业联盟等，推动资源整合、行业自律，促进行业健康发展。

5.完善政策

目前完善政策主要是两个方面：

一是提高扶持政策的精准性，重点支持薄弱环节和关键环节，如新技术的推广应用。

二是解决社会化服务组织面临的瓶颈问题，如土地、税收问题，为社会化服务创造更好的发展环境。

二 政策

目前对社会化服务发展的扶持政策主要有四种：

1.财政政策

加大财政支持力度，建立社会化服务专项资金。2017年设立了社会化服务专项资金，2017年是30亿元，2021年增加到55亿元。在财政经费压缩的情况下，社会化服务专项资金不断增加，说明了国家对农业社会化服务的支持。目前这项资金主要用于生产托管,促进社会化服务组织为农户提供耕种管收系列服务。

2.税收政策

对农业机耕、排灌、病虫害防治、植物保护、农牧保险以及相关技术培训业务提供免征增值税等税收优惠政策。

2021 年在《关于加快发展农业社会化服务的指导意见》里明确提出了要免除税收。税收政策对未来专业化服务公司尤为重要,特别是未来上市的社会化服务公司,税收政策会有很大影响。

3.金融支持政策

加大金融支持力度。

一是推动金融机构加大对服务主体的支持力度。

二是扩展抵押物范围。研究拓宽包括服务订单、农业保单、农业设施在内的增信措施和抵(质)押物范围。

三是推动农业信贷担保服务创新。开发针对新型农业经营主体和服务主体的担保产品,加大担保服务力度,着力解决融资难、融资贵问题。同时,鼓励创设支持农业生产托管的金融产品,推动各类农业社会化服务平台与金融机构、政府性融资担保机构加强信息和数据互联互通。

四是推动建立健全农业保险政策体系。鼓励地方建立针对新型农业经营主体和服务主体的特色优势农产品保险制度,发展农业互助保险。鼓励各地探索开展产量保险、气象指数保险、农产品价格和收入保险等保险责任广、保障水平高的农业保险品种,满足新型农业经营主体和服务主体多层次、多样化风险保障需求。推进政策性保险和商业保险在农业社会化服务领域的应用,探索开展安全事故责任保险、农事服务质量保险等。

4.用地政策

在用地方面,落实设施农业用地政策,切实保障服务主体的合理用地需求。

农业服务组织特别是产中环节的服务组织,农机具厂库棚、储藏加工场所,都要占用土地。2019年自然资源部、农业农村部出台了《关于设施农业用地管理有关问题的通知》,明确了设施农业用地地类划分、用地规模、用地管理方式、服务监管等方面的支持政策。设施农业属于农业内部结构调整,可以使用一般耕地,不需落实占补平衡。设施农业建设标准方面,各类设施农业用地规模由各省(区、市)自然资源主管部门会同农业农村主管部门根据生产规模和建设标准合理确定。2017年《关于构建新型农业经营主体政策体系的意见》明确新型农业经营主体生产设施、附属设施和配套设施用地,符合国家有关规定的,按农用地管理。

▶ 第三节　经营管理

一　组织主体管理

村经济合作社可以根据需要设立农业、多种经营、水利等服务站或农业综合服务站,负责农业生产的指导、服务和管理工作。村农业服务站受村经济合作社领导,是村办集体所有制经济组织,业务上受乡(镇)有关部门的指导和管理。其在粮、棉、油生产中应当坚持统一作物布局、统一供应良种、统一机械作业、统一灌溉排水、统一防病治虫、统一化肥和农药供应,开展科技、信息、流通、综合经营等服务。多种经营服务站应当提供信息、种苗、技术、物资、资源开发和加工销售等系列服务。

乡(镇)集体经济组织可以根据农业服务的实际需要,建立农业服务公司、多种经营服务公司和经营管理办公室。在乡(镇)设立的农技、水利、农机、水产、兽医、林果、蚕桑、蔬菜、农经等农业技术推广机构负责乡村两级各类农业服务的技术指导,也可以建立为农业服务的经营实体。乡(镇)人民政府应当加强对农业社会化服务的领导,做好农业社会化服务的协调管理工作。乡(镇)农业服务组织负责传递市场信息,指导农户调整农业结构,合理开发农业资源,办好试验示范基地,引进推广新品种、新农艺、新农机、新化肥、新农药,对村级农业服务进行业务指导。乡(镇)农业服务组织协同有关部门,负责组织化肥、农药、饲料、种苗和农机具等农业生产资料的供应。同时,可以通过合作的形式加强农产品加工、保鲜、贮运和销售等产后服务,将农户生产与市场紧密结合起来,形成各种形式的贸工农一体化的社会主义市场经济新体制。

市、县(市)、区人民政府农业、水利、农机、水产、气象、土地等行政主管部门,有关专业经济技术和农业科研教育单位,是基层农业服务体系的依托。市、县(市)、区人民政府有关行政主管部门和专业技术单位,对乡村农业服务组织应当履行下列职责:

(1)制定扶持农业服务的政策和措施。

(2)组织市场信息动态的预测预报。

(3)发展区域性的贸工农企业集团。

(4)组织先进农业技术成果的引进、培训、推广工作。

农业服务组织中从事农业技术推广的人员,必须按照国家规定取得资格证书。

二 组织内部机制管理

农业社会化服务组织引进企业化管理机制,并逐步发展为自主经营、

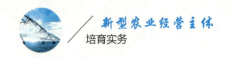
相对独立的服务产业,且应对农民提供有偿服务,坚持优质服务,合理收费。内部应建立健全岗位责任制,实行定额管理,联绩计酬,奖优罚劣。

各级农业社会化服务组织应当坚持"围绕服务办实体,办好实体促服务"的宗旨,创办各种类型的经济实体。农业服务组织综合经营和自办实体所得利润,主要用于服务体系建设、资源开发和改善农业服务人员的福利待遇。

农业行政主管部门应当加强对农业社会化服务组织所办经济实体的管理,不得改变其隶属关系,不得抽调其财产、资金和利润。

(三) 服务设施管理

村农业服务组织应具备存贮种子、化肥、农药、油料的库房设施和相应的农业机械设备,改善农田基础设施,逐步增加服务手段。乡(镇)以上农业服务组织必须具备试验示范基地,种子种苗繁育基地,必要的仪器设备和培训场所,以及各类生产资料贮藏、运输、供应网点等基础设施。

乡(镇)农业服务组织,在国家规定允许范围内,可以建设农业生产资料和农产品专业市场。农业服务组织协同有关部门建立、健全农田水利设施的管理制度,做好防汛、防涝、防旱等减灾抗灾工作。

农业服务装备设施的产权,应当坚持谁投资、谁所有、谁受益的原则,任何单位和个人不得任意占用。

(四) 资金管理

坚持国家财政投资、集体以工建农、自身兴办实体创收的方针,多层次、多渠道、多形式筹集农业社会化服务体系建设资金。

各级财政对定为国家事业单位的农业服务(技术推广)机构的事业费应列入财政预算,逐年增加。农业服务组织中,国家新分配的大中专毕业生的人员经费,列入财政预算。乡(镇)农业服务组织中的国家聘用干部所需经费,由地方财政比照国家农技干部经费标准列入预算。乡(镇)、村集体经济组织,分别通过财政补贴、集体提留和服务创收等多种途径,确保非干部编制的农业服务人员的报酬和福利支出。

加强对农业发展基金和农业合作发展基金的管理。乡(镇)集体企业、个体、私营工商户都应按规定交纳农业合作发展基金。县属国有、集体企业和街道企业,按照使用农民工人数交纳农业合作发展基金。农业合作发展基金统一由乡(镇)经营管理办公室收缴,专户存储,专款专用,定期组织审计。

国家规定的粮食、棉花、油料、蚕茧和生猪等技术改进费,任何单位和个人不得截留或者挪作他用。县(市)、区、乡(镇)人民政府应在专项基金和技术改进费中,安排部分资金,重点帮助扶持集体经济薄弱乡村发展农业服务工作。

完善建农补农制度,集体补贴主要用于发展农业服务,改善农田基础设施,增添新型农机,引进良种良苗,推广应用先进技术,培育各级各类市场。村农业服务组织和规模经营单位购置新式机具或大中型农机,县(市)、区、乡(镇)可以采取多种形式给予支持。

鼓励农业服务组织吸引国内外资金,建设商品基地,发展农产品流通加工。

（五）监督管理

各项农业服务的收费标准,由物价部门会同有关部门依据保本微利的原则,制定指导价格。

经营农业生产资料必须坚持生产许可证、检验(鉴定)合格证制度,确保产品质量。生产或者销售假冒劣质农药、化肥、种子等坑害农民利益

的，各级人民政府有关行政主管部门应当责令责任者赔偿全部经济损失，没收非法所得，并处以罚款；情节严重构成犯罪的，由司法机关依法追究刑事责任。

农业服务组织或农户，有权抵制和控告以服务为名，损害农户利益的行为。

从事农业科技承包开展有偿服务的单位和个人，应当签订责任书，合理收费。给农民造成损失的，应当承担民事赔偿责任。

农用拖拉机和其他农业机械，按规定注册登记，定期进行技术检验。驾驶和操作人员必须持证上岗，参加年审，严格遵守农机安全操作规程。农用拖拉机从事田间作业运输，以及自走式农机具进行作业转移，在上路时必须遵守交通规则，保障安全行驶。

六 供应链管理

农业社会化服务供应链管理框架包括服务需求管理、资源与能力管理、关系管理、服务订单流程管理、信息技术管理和服务绩效管理。

1.服务需求管理

针对规模农户的服务需求管理包括五个环节：

（1）需求信息收集。大体有两种方式，一种是在诸如农村便利店、农村电子商务综合服务站等村镇网点设点，进行信息咨询与服务登记；一种是通过互联网平台进行需求信息收集。

（2）需求确认。龙头企业在获取规模农户登记的服务需求信息后，通过客服与规模农户进行沟通，确认其服务需求信息的真实性和具体情况。

（3）需求分类。龙头企业对经确认的服务需求信息按照种养领域、服务内容、服务时间等进行分类管理。

（4）需求对接与服务实施。指派合适的服务功能商为规模农户服务，制定服务规范和标准。

（5）需求跟踪与预测。定期对规模农户的服务需求满足情况、服务需求变化情况进行跟踪调查和监测分析。

2.资源与能力管理

资源与能力管理包括：

（1）自有资源管理。根据规模农户的服务需求意愿，龙头企业需要结合自身情况，明确哪些资源是自身需要拥有的或自有资源能满足规模农户需求的，并在这些资源领域形成自身的主营业务。

（2）整合资源管理。龙头企业拟定适当条件，遴选相应外部资源（功能商），将其整合融入资源库，然后根据规模农户的服务需求订单，选择匹配性好的服务功能商为规模农户提供服务。结合农户的反馈，龙头企业对合作社等服务功能商的服务能力、服务水平和服务绩效等进行测评，对于表现较差的服务功能商进行淘汰和替换，对于表现优异的服务功能商则在任务分配时优先考虑。

（3）能力管理。主要指龙头企业需要对自身的整合能力、资源配置能力、供应链管理能力及供应链整体的协同响应能力等进行评估与改进。其中，协同响应能力的管理，需要龙头企业对服务功能商、规模农户进行适当的培训、指导。此外，由于规模农户需求的变化和外部环境的不确定性，如需求的季节性、集中性和应急性，因此，在有限的资源和能力条件下，快速响应规模农户需求的柔性管理能力对龙头企业而言也至关重要。

3.关系管理

关系管理分为规模农户关系管理和服务功能商关系管理。

（1）规模农户关系管理。协同响应规模农户需求不是一次性的，龙头

企业应致力于与规模农户建立长期稳定的合作伙伴关系。龙头企业面向规模农户的关系管理包括:记录合作农户的地理位置、经营领域、经营规模、服务购买行为等基本信息,把握其需求特征,有针对性地为其提供服务;不定期开展互动,增进了解信任;技术指导与培训;服务满意度跟踪调查,及时响应规模农户诉求;吸纳有闲置服务资源的规模农户加入服务功能商行列,提高其收益和供应链参与度;参与规模农户发展规划制定,及时给出指导建议。

(2)服务功能商关系管理。作为集成商,龙头企业还应致力于与合作社等服务功能商建立长期稳定的合作伙伴关系。龙头企业面向服务功能商的关系管理包括:通过口头或正式协议,采取邀请功能商配合完成某一功能,或租借服务设施设备,或组建联合体,或合资参股等合作形式,建立多元利益联结机制;提供技能培训、服务标准和服务规范培训;线上线下互动,信息与经验分享;加强沟通,及时解决服务供应中存在的问题;根据服务功能商的服务情况,进行服务绩效评估,奖优罚劣;参与服务功能商发展规划制定,提供必要的指导。

4.服务订单流程管理

服务订单流程管理是农业社会化服务供应链运作的核心。服务订单流程管理是指从订单生成、订单分配、订单履行到订单回访的一个完整的全链条订单管理。具体步骤为:

第一步,龙头企业在村镇网点或网络平台收到规模农户服务需求登记信息以后,对该信息进行确认和核实,形成服务订单(包括服务价格)。

第二步,在订单生成以后,龙头企业根据订单的内容和要求,筛选出相匹配的服务功能商,然后把服务订单分配给合作社等服务功能商。

第三步,由合作社等服务功能商与规模农户进行现场对接,履行具体的服务活动,完成订单任务。

第四步,在服务功能商和规模农户同时反馈订单已完成后,进行相关服务费用结算。同时,分别对服务功能商和规模农户就该服务订单的履行情况进行回访,并形成记录和归档,为后续的服务绩效评估及供应链管理优化提供依据。

此外,订单流程管理中还需进一步探讨和说明两个问题:一是服务供需匹配。龙头企业应尽可能健全服务功能商供应池,为每个有服务需求的规模农户推荐 2~3 家与之相匹配的合作社等服务功能商,规模农户根据自己的需求偏好进行服务功能商的选择。如果规模农户不满意现有的服务功能商,可进行第二轮推荐。当然,经过多轮合作后,服务评价好的服务功能商可以被优先推荐给规模农户。二是服务费用支付。规模农户在形成服务订单后,将服务费用支付给龙头企业。在订单完成以后,通过农户确认服务完成,龙头企业再将扣除管理费之后的服务费用打入服务功能商账户。

5.信息技术管理

龙头企业要尽可能创造条件,建立高效的信息网络平台,以利于实现对包括需求管理、资源与能力管理、关系管理、订单流程管理和服务绩效管理等在内的服务供应链管理。信息流的运行效率决定主体间的互动水平和互动质量,也决定服务供应链功能的产出效率,所以,紧跟包括技术环境在内的外部环境变化的信息技术管理是整个服务供应链管理的重要技术支撑。

6.服务绩效管理

农业社会化服务供应链的服务绩效是衡量服务供应链运行状况的重要指标。服务绩效不仅反映服务供应链运行的质量和效率,而且反映服务供应链运营的稳定性和持续性。服务绩效管理主要从过程绩效和结果绩效两个方面进行管理。过程绩效管理主要关注农业社会化服务供应链

协同响应运行过程中的绩效情况,如需求响应的速度、服务的柔性、各环节衔接的有效性、功能商服务实施的质量等。结果绩效管理主要关注规模农户的服务成本降低程度、规模农户的服务满意度、龙头企业和服务功能商的社会声誉提升以及两者各自的整体服务收益等。

第七章

新型农业经营主体培育方向

第一节 引导多主体多元融合发展

培育多元化农村产业融合主体，强化农民合作社和家庭农场基础作用，支持农民创业创新特别是农民工、大学生和退役士兵等人员返乡创业创新，支持龙头企业发挥引领示范作用，搭建全国性和区域性电子商务平台，积极发展行业协会和产业联盟，创建农业产业化联合体，鼓励各类社会资本投向农业农村。

一 农民专业合作社联合社

1.联合社的发展

农民专业合作社联合社是单体合作社为扩大经营服务规模形成的再联合。联合社不是一个个农民合作社的简单相加，而是各个合作社彼此联手、融合发展，使资源要素实现有机整合，促进产业提质增效。联合社的成立可以解决合作社发展规模小、经营实力弱、市场竞争力有限等问题，满足社员对服务的多样化的需求。

2.联合社的登记管理

农民专业合作社联合社应当由农民专业合作社根据发展需要自愿联合组建，以服务成员为宗旨，实行民主管理。

农民专业合作社联合社设立、变更、注销及备案登记参照《农民专业合作社法》《农民专业合作社登记管理条例》相关规定办理，在设立登记时领取《农民专业合作社法人营业执照》。

农民专业合作社联合社成员应为农民专业合作社，且成员数应在3个以上。设立农民专业合作社联合社应有符合《农民专业合作社法》《农民专业合作社登记管理条例》规定的章程、组织机构、成员出资、业务范围。农民专业合作社联合社可以与其成员使用同一住所。

农民专业合作社联合社名称依次由行政区划、字号、行业、组织形式组成，组织形式应当标明"专业合作社联合社"字样，并符合国家有关名称登记管理规定。

农民专业合作社联合社由住所所在地的县(市)、区以上工商行政管理部门登记。

二）生产性服务组织

1.生产性服务组织的类型

农业生产性服务是指贯穿农业生产作业链条，直接完成或协助完成农业产前、产中、产后各环节作业的社会化服务，包括农机作业、统防统治、集中育秧、加工储存等。依据当前农业生产性服务业的主要领域，并参照《国民经济行业分类》(GB/T 4754—2017)和《生产性服务业分类》(2015)，农业生产性服务业服务领域涵盖种植业、畜牧业、渔业等各个产业，涌现出全程托管、代耕代种、联耕联种等多种服务方式，见表7—1。

2.农业生产托管模式

农业生产托管是农户等经营主体在不流转土地经营权的条件下，将农业生产中的耕、种、防、收等全部或部分作业环节委托给农业生产性服务组织完成的农业经营方式，把发展农业生产托管作为推进农业生产性

表7-1 农业生产性服务业范围

序号	名　称	说　明
1	种植业生产服务	指在农作物耕、种、防、收等环节提供的各种服务活动,不包括农机服务和农产品初加工
1.1	种子种苗活动	指对种子种苗培育、批发和技术指导
1.2	灌溉活动	指对农业生产灌溉排水系统的经营与管理
1.3	病虫害防治活动	指从事农作物重大病虫害防治等活动
1.4	其他农业专业及辅助性活动	指代耕代种代收、大田托管等其他农业活动
2	畜牧业生产服务	指提供牲畜繁殖、圈舍清理、畜产品生产、初级加工、动物免疫接种、标识佩戴和动物诊疗等服务活动
2.1	畜牧良种繁殖活动	指提供牲畜繁殖活动
2.2	其他畜牧专业及辅助性活动	指提供圈舍清理、畜产品生产、初级加工、动物免疫接种、标识佩戴和动物诊疗等活动
3	渔业生产服务	指在渔业养殖、捕捞过程中提供的各种服务活动
3.1	鱼苗及鱼种场活动	指鱼苗及鱼种场、水产良种场和水产增殖场活动
3.2	其他渔业专业及辅助性活动	指渔用饲料生产、水产品初加工、病害防治等活动
4	农机作业及维修	指为农业生产提供机械化服务活动
4.1	农业机械活动	指为农业生产提供农业机械并配备操作人员的活动
4.2	农业机械维修、租赁服务等活动	指提供农业机械维修、租赁及农机具存放等活动
5	农产品初加工和仓储保鲜服务	指对各种农产品初步加工、仓储和副产品的综合利用

续表

序号	名　称	说　明
5.1	农产品初加工活动	指对各种农产品(包括天然橡胶、纺织纤维原料)进行脱水、凝固、打蜡、去籽、净化、分类、晒干、剥皮、初烤、沤软或大批包装的服务,以及其他农产品的初加工;其中棉花等纺织纤维原料加工指对棉纤维、短绒剥离后的棉籽以及棉花秸秆、铃壳等副产品的综合加工和利用活动
5.2	农产品仓储保鲜	谷物、棉花、中药材及其他农产品仓储保鲜
6	农业信息和营销服务	主要指农业信息、农产品物流和营销等服务
6.1	农业信息服务	农产品、农业生产资料的信息采集、分析、发布服务,电子商务服务
6.2	农资批发	种子批发、畜牧渔业饲料批发、化肥批发、农药批发、农用薄膜批发、农业机械批发等
6.3	农产品物流服务	农产品配送
6.4	农产品营销服务	农产品品牌培育、应急促销服务,农产品质量安全检验检测、追溯服务
7	农业绿色生态服务	主要指畜禽粪污处理活动、农业废弃物回收利用,化肥、农药、节水等绿色高效技术服务等
7.1	畜禽粪污处理活动	
7.2	农膜、秸秆等废弃物回收利用	废旧农膜回收利用,农作物秸秆收集、存储、运输和利用等服务
7.3	其他农业绿色生态服务	病死禽畜处理,肥料统供统施,病虫害统防统治,高效低风险农药和先进施药技术,土壤治理等服务

服务业、带动普通农户发展适度规模经营的主推服务方式。

(1)土地托管。土地托管是农户以市场方式向托管主体购买所需的生产服务,相当于雇佣一个专业化的农业种植团队帮助参加土地托管的农户料理农活,届时无论年收入多少,在除去约定的托管费用后剩余的收益都统统交给农民。目前土地托管的模式大致可以分为三种：

①全程托管。托管方在收取农户的一定托管费用之后，为农户提供耕、种、收、管、售等一系列服务。

②劳务托管。农户将农业生产过程中全部劳务项目委托给托管方进行承担，农户则需要负责种子、化肥、农药及水电等各项农资投入。

③订单托管。农户将农业生产过程中某个时段的劳务项目委托给托管方，托管方按劳务项目获得报酬。

（2）代耕代种。代耕代种服务，在不改变土地承包关系的前提下，由各类社会服务组织对一家一户农民的土地实行代耕、代种、代管、代收，是实现农业生产经营规模化、组织化的重要手段，是实现科学耕种、农业机械化的重要方式。

（3）联耕联种。联耕联种是在持续稳定家庭联产承包经营的基础上，按照农户自愿的原则，由村组统一组织，以打桩等形式确定界址，破除田埂，将碎片化的农地集中起来，实现有组织的连片种植，再由服务组织提供专业化服务，推进农业生产上联耕联种、联管联营，实现增面积、降成本，促还田、添地力，提单产、升效益的新型生产方式。

联耕联种通过农户间的相互联合，切实解决了农村土地碎片化问题，如果能将"一户多田"变"一户一田"，再连成片，将进一步发挥联耕联种的优势。这种"化繁为简"可采取以下五种模式：

①责任地互换模式：农户将各自的（全部或部分）土地，采取等级互换或级差补偿互换等形式进行位置互换。

②土地整理再分配模式：利用国家土地整理、中低产田改造、千亿斤粮等项目，整理后再分配土地。

③土地股份合作模式：把土地经营权量化为股份，通过入股的形式，由集体统一经营，收益按股分红。

④反租倒包模式:对农户之间无法协商而互换不成的小块地,由村集体从原承包人手中反租回来,再倒包给农户。

⑤承包地转让模式:将无人耕种的零散土地有偿转让给相邻的农户。

(4)农业共营制。农业共营制是构建"土地股份合作社+农业职业经理人+农业综合服务体系"三位一体经营体系,如村集体成立土地股份合作社,农民自愿加入,以稻田入股;土地股份合作社负责水稻种植、加工及销售;经营项目由理事会、职业经理人、监事会共同决定;理事会代表入社农民进行生产决策;职业经理人负责种植管理。在此基础上形成利益联结机制,实现村集体、合作社、入社农民、职业经理人共管共赢。借此破解农业生产中"谁来经营、谁来种地、谁来服务"的难题,实现保护农民财产权利、构建现代农业经营体系、发展农业适度规模经营、保障国家粮食安全等多重公益目标。

三 农业产业化联合体

1.农业产业化联合体的发展

农业产业化联合体是以龙头企业为引领,农民合作社为纽带,家庭农场、种养大户为基础,农业社会化服务组织为支撑的一体化农业经营组织联盟,不具有法人主体资格,联合体成员分工协作、紧密联结、利益共享。

2.农业产业化联合体的组织与申报

现代农业产业化联合体应具备以下基本条件:

(1)联合体有成员共同制定的联合体章程。

(2)联合体有围绕主导产业的联合体建设方案。

(3)联合体有文字契约。联合体内龙头企业、农民合作社、家庭农场、专业大户各成员之间以文字契约为纽带建立紧密的产业、要素、利益联结机制。

(4)联合体内各主体之间有品牌化运营实际内容。通过专业化分工、多元化联合、紧密型衔接、标准化生产,实现联合体内土地、资金、技术、人才和信息等要素的优化配置。

(5)联合体有利益共享、风险分担机制。

(6)联合体有明显的经济效益。联合体内龙头企业、农民合作社、家庭农场、专业农户总收入增加,生产总成本降低 10% 以上,种植亩产比分散经营农户高 10% 以上,龙头企业收购原料溢价在 3% 以上。

(7)联合体有明显生态效益。积极推进"一控两减三基本",大力实施种养复合循环利用生产方式。

(8)联合体有明显的社会效益。带动农户高于本县(市、区)同行业传统农户收入 10% 以上。带动新型职业农民认证比例和农村耕地规模化经营比例逐年递增,"三品"认证个数和面积逐年增加。

联合体向所在地的县(市、区)农业主管部门提出申请,并提供如下申报材料:

(1)省示范现代农业产业化联合体申报表。

(2)龙头企业工商营业执照及省级(包括相当于省级)农业产业化龙头企业文件复印件。

(3)合作社工商营业执照及示范合作社文件复印件。

(4)家庭农场工商营业执照及示范家庭农场文件复印件。

(5)龙头企业、合作社财务报表和审计报告,家庭农场财务报表或收支记录。

(6)由县(区)农业部门提供的带动农户收入证明。

(7)联合体章程复印件。

(8)龙头企业、合作社、家庭农场之间的生产经营合同复印件。

(9)联合体组织机构及责任分工。

(10)联合体建设方案。

第二节　引导主体多路径提升规模经营水平

一 建设原料生产

鼓励农产品加工企业通过直接投资、参股经营、签订长期合同等方式,带动建设一批与加工能力相配套的标准化、专业化、规模化原料生产基地。

二 多方式流转土地经营权

鼓励农民按照依法自愿有偿原则,采取转包、出租、互换、转让及入股等方式流转土地经营权,提升土地适度规模经营水平。

1.土地转包

土地转包是指承包方将部分或全部土地承包经营权以一定期限转给同一集体经济组织的其他农户从事农业生产经营。转包后原土地承包关系不变,原承包方继续履行原土地承包合同规定的权利和义务。转包不是土地所有权的转让,只是转让土地的使用权。接包方按转包约定的条件对转包方负责(承包方将土地交由他人代耕不超过一年的,可以不签订书面合同)。

2.土地出租

土地出租是指承包方将部分或全部土地承包权以一定期限租赁给他

人从事农业生产经营。出租后原土地承包关系不变,原承包方继续履行原土地承包合同规定的权利和义务。承租方按约定的条件对承包方负责。

3.土地互换

土地互换是指在承包方之间为方便耕作或者各自需要,对属于同一集体经济组织的承包地块进行交换,同时交换相应的土地承包经营权。

4.土地转让

土地转让是指承包方有稳定的非农职业或者有稳定的收入来源,经承包方申请和发包方同意,将部分或全部土地承包经营权让渡给其他从事农业生产经营的农户,由其履行相应土地承包合同的权利和义务。转让后原土地承包关系自行终止,原承包方承包期内的土地承包经营权部分或全部灭失。

5.土地入股

土地入股是指实行家庭承包方式的承包方之间为发展农业经济,将土地承包经营权作为股权,自愿联合从事农业生产经营;其他承包方式的承包方将土地承包经营权量化为股权,入股组成股份公司或者合作社等,从事农业生产经营。除以上几种形式外,还可以采取其他的流转方式进行流转,但不论采取任何流转方式,都要在流转双方自愿的基础上,依法依规地进入流转程序。

（三）促进农业专业化布局

引导新型农业经营主体集群集聚发展,参与粮食生产功能区、重要农产品生产保护区、特色农产品优势区以及现代农业产业园、农业科技园、农业产业化示范基地等建设,促进农业专业化布局、规模化生产。

（1）粮食生产功能区。划定粮食生产功能区9亿亩,其中6亿亩用于

稻麦生产。以东北平原、长江流域、东南沿海优势区为重点,划定水稻生产功能区 3.4 亿亩;以黄淮海地区、长江中下游、西北及西南优势区为重点,划定小麦生产功能区 3.2 亿亩(含水稻和小麦复种区 6 000 万亩);以松嫩平原、三江平原、辽河平原、黄淮海地区以及汾河和渭河流域等优势区为重点,划定玉米生产功能区 4.5 亿亩(含小麦和玉米复种区 1.5 亿亩)。

(2)重要农产品生产保护区。划定重要农产品生产保护区 2.38 亿亩(与粮食生产功能区重叠 8 000 万亩)。以东北地区为重点,黄淮海地区为补充,划定大豆生产保护区 1 亿亩(含小麦和大豆复种区 2 000 万亩);以新疆为重点,黄河流域、长江流域主产区为补充,划定棉花生产保护区 3 500 万亩;以长江流域为重点,划定油菜籽生产保护区 7 000 万亩(含水稻和油菜籽复种区 6 000 万亩);以广西、云南为重点,划定糖料蔗生产保护区 1 500 万亩;以海南、云南、广东为重点,划定天然橡胶生产保护区 1 800 万亩。

(3)加大粮食生产功能区新型经营主体培育力度,优化支持方向和领域,使其成为功能区建设的骨干力量。以粮食生产功能区为平台,重点发展种植大户、家庭农场、农村集体经济合作社、农民专业合作社等新型适度规模经营主体,健全农村经营管理体系,加强对土地经营权流转和适度规模经营的管理服务。引导和支持粮食生产功能区范围内的经营主体根据市场需要,优化生产结构,加强粮食产后服务体系建设,增加绿色优质农产品供给。

(四) 建设特色优势产业

支持新型农业经营主体建设形成一批一村一品、一县一业等特色优势产业和乡村旅游基地,提高产业整体规模效益。

▶ 第三节　引导主体完善利益分享机制

一　发展新产业新业态

引导和支持新型农业经营主体发展乡村旅游、农村电子商务等新产业新业态，扩大就业容量，吸纳农户脱贫致富。

1.乡村旅游

支持新型农业经营主体将乡村旅游业与农业、林业、渔业相结合，依托产业经济发展，通过开发农业休闲、渔业休闲、林业休闲、果业休闲产品，实现一二三产业深度融合、生产生活生态"三生同步"、产业教育文旅"三位一体"，促进农业高质高效、乡村宜居宜业、农民富裕富足。

但是，目前我国大部分乡村旅游产品还处于早期阶段，乡村旅游主要体现在农家乐，如采摘、垂钓、吃饭、花海、民宿、农庄等。同质化严重，产品特色不明显，造成了无序竞争。因此，我国正积极探索由政府引导建立、市场主体参与、可持续的农业农村生态资源价值实现机制，培育农村经济高质量发展新动力，支持有条件的地区开展国家级田园综合体建设。

田园综合体是立足资源禀赋优势，集智慧农业、创意农业、农事体验、科素教育于一体，贯通产供加销，融合农文教旅，建设生态优、环境美、产业兴、消费热、农民富、品牌响的乡村田园综合体，顺应农村供给侧结构性改革、新型产业发展，结合农村产权制度改革，实现中国乡村现代化、新型城镇化、社会经济全面发展的一种可持续模式。

2.农村电子商务

农村电子商务是指利用互联网,通过计算机、移动终端等设备,采用多媒体、自媒体等现代信息技术,涉农领域的生产经营主体在网上完成产品或服务的销售、购买和电子支付等业务交易的过程,涵盖对接电商平台、建立电商基础设施、进行电商知识培训、搭建电商服务体系、出台电商支撑政策等。

随着智能手机在农村的普及,以及互联网在农村的渗透不断加深,农村电商的发展步伐不断加快,其产业形态也丰富多样,常见的有家禽认养、果树认养、农田认养等。但是,电子商务在农产品推广应用中仍存在着一些障碍,具体制约因素主要有以下几个方面:

(1)农村物流体系不完善,物流配送欠佳。基于我国地域广阔和人口分布的原因,部分地方交通落后,物流网络不发达,造成了农村电商在物流配送方面的难题。尤其是在乡镇以下,配送点分散,存在物流配送成本高的问题。由于农村电商物流技术跟不上城市电商物流技术,现代化的信息管理系统和冷链物流系统尚未普及,目前全国 70%以上生鲜农产品批发市场缺少冷冻冷藏设施,国有冷库中近一半已使用了 30 年以上,因此,在运输过程中不能保证水果等生鲜农产品的质量。例如枇杷果实皮薄、肉嫩,不耐压。果皮上还有一层茸毛,如稍有碰擦,果皮即受伤变色。其在高温情况下容易出现腐坏等情况。采用普通的平板货车运输,坏果率总是居高不下,严重影响了农村电商物流的服务效率。

(2)产品质量标准认证难,同质化严重。目前县级层面的特色农产品知名品牌数量还不够多,"三品一标"农产品比例还不够高;一些经营主体的绿色安全生产意识不强,部分区域公用品牌农产品的品质参差不齐。

(3)缺乏电子商务专业化人才。农村电商的发展,需要熟悉信息技术、运作流程、数据分析、美工设计的技术人才,需要具有互联网意识和创新创业意识、掌握经济政策的运营人才等。由于农村目前的整体发展水平滞后于城市,工作生活环境、服务及生活配套设施等与城市还存在差距,导致农村难以吸引到电子商务人才。

二 完善利益联结机制

进一步完善订单带动、企业雇佣、股份合作等新型农业经营主体与农户的利益联结机制,支持龙头企业与农户共同设立风险保障金。

1.订单带动是一种半松散半紧密的利益联结方式

龙头企业和农户预先签订订单合同,约定收购价格,设定一个最低保护价格,规定收购品种、数量、质量,市场价格低于保护价格时,农户仍然以保护价格出售农产品。合同还规定了双方的权责利,一方违约时,另一方可以用法律手段维护自己的权益。合同还可以约定龙头企业向农户提供技术指导和管理培训等配套服务,以保障农产品的质量,提高农业生产的效率。订单带动的利益联结机制难避免违约行为的发生。在农村产业融合实践中,因龙头企业自身实力强大,农户散而小,使农户常常处于劣势地位,甚至双方出现一些利益矛盾。如利益分配倾向于龙头企业,则损害了农户利益;如果农户找到更好的合作对象,就出现违约现象,一旦出现违约现象,约束就显得相当脆弱。这些情况使得合同式利益联结方式变得可松散可紧密,没有发挥合同的真正作用,双方履约能力差异过大,信誉程度不足,合同规范存在漏洞等,影响利益联结机制。

2.企业雇佣是一种比较紧密的利益联结方式

农户被聘为公司员工,企业式运作,双方形成紧密的利益联结关系。一方面,提高农产品质量、增强企业竞争力,农村产业融合加快;另一方面,农户作为企业员工有工资收入,还有土地出租等资产性收入,农户

收入来源多样化。

3.股份合作是一种紧密的利益联结方式

农户以土地、生产资料折价入股,成为企业的持股员工,成为共同出资方,股份就成为利益联结的纽带,双方可以通过股权分红进行利益调节,降低了交易成本,增强了抵御风险的能力。农户以资产入股,农户可以选定合作的董事会,提高了农户的谈判地位和自主权利。由于信息的不对称和农户职业化的程度较低等因素,股份式利益联结机制在目前实践中较少。龙头企业和农户在资产所有权和经营权上会有一个博弈过程,农户通常只占企业较少股份,属于小型股东,对于企业运营的监督管理并没有发挥真正的作用。

三 推进农村"三变"改革试点

加快推进农村"三变"改革试点,鼓励将财政资金特别是扶贫资金量化到农村集体经济组织和农户后,以自愿入股方式投入新型农业经营主体,让农户共享发展收益。农村"三变"是指农村资源变资产、资金变股金、农民变股东。

1.资源变资产

村集体将集体土地、森林、草地、荒山、滩涂、水域等自然资源性资产和房屋、建设用地(物)、基础设施等可经营性资产的使用权评估折价变为资产,通过合同或者协议方式,以资本的形式投资入股企业、合作社、家庭农场等经营主体,享有股份权利。

2.资金变股金

包括财政资金变股金、村集体资金变股金及村民自有资金变股金。其中财政资金包含各级财政投入到农村的发展类、扶持类资金等(补贴类、救济类、应急类资金除外),在不改变资金姓"农"的前提下,原则上可量化为村集体或农民持有的股金,通过民主议事和协商等方式,投资入股经营主体,享有股份权利。

3.农民变股东

农民自愿以自有耕地、林地的承包经营权,宅基地的使用权,以及资金(物)、技术等,通过合同或者协议方式,投资入股经营主体,享有股份权利。